グローバル時代の難民

小泉康一
Koichi Koizumi

Refugees in the Global Age

ナカニシヤ出版

まえがき

概観——避難原因の多様化と移動志向の時代

今日、「避難」というグローバル危機がある。われわれは、人間移動が主権国家、国際機関、市民社会組織に対して、経済的、政治的、社会的に重大な影響を与え、急速に変化する世界に住んでいる。難民、逃亡者、庇護申請者（庇護民ともいう）、被追放者といった、亡命・追放あるいは避難させられた人々が、無数の形で私たちの生活の中に存在している。

公式的な統計上では、地球上で五〇〇〇万人以上が避難し、新しい場所で生活を送っている。この数には、慢性的で長期に避難している人々の多くは含まれていない[1]。

一般に移民と呼ばれる人々を含めれば、グローバルに移動する人々の数は二〇一三年、推定で二億三二〇〇万人、すなわち世界人口の三・二％である。その数は、一九九〇年の一億五四〇〇万人、二〇〇〇年の一億七五〇〇万人から上昇している。

国内で移動する人もいれば、国際的に移動する人もいる。一時的に移動する人もいれば、永久に移動する人もいる。安全な地へ動くことができず、その場に留まる人もいる。移動の〝女性化〟も見られる。しかしこれは、女性が以前より、より多く移動しているというのではなく、多くの女性が独立して移動しているということである。

危機的な状況のために移動する人々[2]（以下、強制移動 forced migration、ないし強制移動民 forced migrants とする）を生み出す原因は、複雑・多様で、迫害、紛争、自然災害、弱体国家、食糧不足など、様々な要因が、人々を難民や国内避難民（internally displaced persons, IDP）にする。

その一部の人々のみが、既存の国際法、域内諸国の法、国内法で保護されている。ただし、法があるところでさえ、実際上、移動を余儀なくされた人や、制約があって動けない人の安全を保証しているわけではない。

様々な原因で危機が重複する場合には、人々の移動が生じ、広範な栄養失調、疾病、精神疾患などが起こる。それらは国内外からの人道的反応を引き起こす。避難の種々の状況に対し、解決策を見つけるには、事態に適切に反応するために、各事態の特殊性を理解するとともに、相互に関連する状況が持つ文脈と性質を、強制移動民、NGO、諸政府や援助機関とのつながりのうえに、包括的に理解せねばならない。

しかし現実はと言えば、解決策の影響や利点・欠点、他に取り得る可能性があった選択肢との違いは、めったに考慮されることがなかった。一般に調査は行なわれず、不十分な理解に留まり、人道援助から究極的な自立のための技能、教育といった人間開発への援助の移行を妨げてきた。

一つの事態の中で、緊急状況が重複する状況にあって、難民援助に取り組む上で人道的対応の基準となる「枠組み」の検証が必要となっている。複雑で重複する諸要因が、移動の形に影響を及ぼすことを理解するには、知的に広範で、総体的な観点から、進化する難民・強制移動民の範疇を考えねばならない。この文脈で、強制移動の原因と結果、そしてその解決に取り組む、独立し、批判的な学識が強く必要とされている。

避難した人々の一部は、先進国を目指し、庇護を求める。ヨーロッパ三八ヵ国での庇護申請（難民認定の申請、以下両者を併用）は、世界のどの地域よりも多い。相対的に南ヨーロッパでの申請増加が最も多く、二〇一一年は前年比八七％の増加である。申請の多くは、イタリアやマルタに船で到着した人々だが、トルコでも申請数が急増している。(3) 人々は密輸ブローカーの手助けで入国を図り、庇護制度は乱用されている。ヨーロッパでの事態はアメリカ、オーストラリア、日本でも見られる。

特にヨーロッパでは、移民論議が過熱し、多くの国々で人種主義や外国人嫌いの感情につながっている。そのため、道理にかなった賢明な考え方や対応が生まれにくい状況となっている。一般に、難民に敵意を感じる世論の中で、難民の存在は、福祉関連の組織や機関にとって倫理的な難問となっている。

国境管理は強められ、国際協力が強化されている。庇護という手段が、移民により乱用されたことを口実に、各国の政府当局は、庇護や国際保護に付随する補完的な仕組みの解釈・適用を難しくしている。各国は入国後、難民申請する人々に対し、厳しく対応するようになってきている。難民認定の審査過程は早められ、控訴からは排除され、勾留は体系化が進んでいる。多くの国々が、流入抑止策の一環として、庇護民の社会的、経済的な基本的権利を否定し始めた。

難民移動を管理するための、この排除策は、各国が移民入国による経済利益を極大化するために、入国者の選別・選択を行ない、多様な政策を実施している時に起こった。例えばカナダでは、二〇〇〇年以降、一時滞在の移民労働者の数は三倍になっている。未熟練、低賃金の移民労働者は法的な権利をほとんど持たない柔軟な労働力である。そこでは一時滞在の労働者と強制移動民は法的、経済的、社会的に周辺化される。

同じような傾向は、他の国々にもあてはまる。この問題では多くの調査が行なわれてきているが、比較の目を持ち、学際的な分析をすることが求められている。

ヨーロッパの国々の中には、不況が長引くために、大きな影響を受け、〝南〟の国々からの難民の移住圧力に耐えかねて、彼らの〝帰国〟計画を行なっている所がある。そうした国を含め、各国が今行なっている政策措置は、国家や国内的背景にとって、問題ある非市民を追い出し、国民の生活・安全を救いだす技法として出てきている。〝帰国〟という用語は、平凡で、ありきたりの日常語であるために、個人、家族、地域集団にかかってくる体系的な暴力を押し隠し、関連の法律自体の暴力性をも押し隠している。

これらの政治的、世論的に否定的な論説にあおられて、強制移動民は基本的な権利が制約されただけではなく、正規移民にも疑いの目が向けられるようになり、重大な影響を与えている。人の入国には、厳格な壁が立ちはだかっている。

人の強制的な追放は、明らかに国際法違反であり、入国を拒否されたり強制的に帰国させられた人々を、新たに密入国という道に追いやるかもしれない。事実、厳格な国境管理と庇護制度のために、人々は移動のために〝不規則な〟手段を選ぶ方向に向かっている。これは、移民の密入国と人身売買を促す素地を作り出している。

これらの事態は、個々の国家にとって、財政的に逆効果で不毛であるばかりでなく、人権を守り、難民に保護を与える上で、国内的にも国際的にも、義務を損ねている。

二一世紀初めの一〇年、世界の入国管理政策と庇護政策は重大な転機を経験している。難民を含めた強制移動民という、「不規則に移動する人々」(irregular migrants)に、かつてない規模で移動制限が行なわれている。驚くべきことではないが、国際社会、すなわち世界各国は、問題の根本原因にどう取り組むかで失敗を重ねてきている。各国は、移民管理と統合政策、及びその実施措置について、国内、域内、国際段階での一貫性を求めるが、結果は多くの場合、むしろ一貫性を欠いている。

〝不法入国者〟、〝在留期限切れの超過滞在者〟、庇護申請が却下された人を含む、非正規移民は彼らの間に様々な差異があるものの、総じて受け入れ国での権利や各種サービスの受給が不十分である。彼らの要求や必要物は、公的な福祉制度よりも、むしろ草の根の市民団体や彼ら自身の非公式の民族ネットワークの相互扶助を通じて応えられ、提供されている。

強制移動民は、定められた権利を持ち、彼らの自由が守られることが重要である。彼らとその権利は、緊急に保護される必要がある。

本書の目的と射程範囲

一般社会で使用される〝難民〟の用語は、多義的で、多くのことを意味している。それは人によってそれぞれ別々に解釈されている。

難民に関わる、亡命・追放と避難は、長く複雑で、入り組んだ歴史がある。ある国からのグループ・集団の強制除去と個人の強制退去は、原因国にとっても受け入れる国家にとっても、政治的な武器であった。世界史を通じ、国家は亡命・追放を政治的な手段として使ってきた。

亡命の意味は、時の経過の中で変化してきたが、国家による制裁・罰則と、自己の意思の表明の結果である亡命は、国際政治の一部として、今日でもなお有効である。歴史を通じての政治的道具としての亡命と、その使い方の意味を理解することは重要である。

亡命・追放と避難には歴史的なあり方があるが、今日、この問題は、受け入れ側にとっては、国内的な移民政策（不法、かつ使い捨ての外国人との見方）と、犯罪者として処罰するという司法裁きの側面があり、また他方で、国家間での協力、調整が必要な分野となっている。

近年は加えて、避難する人々の数が増え、国内避難民、人身売買等々、様々な種類の人々が入り混じった移動が成長し、それと共に移動関連の事業に関与する機関・組織の数が増えてきた。一九五一年国連難民条約で、難民の「定義」が生まれ、現在同条約は国際法として六〇有余年を経たが、世界にはこの公式的な定義の範囲には容易におさまらない他の多くの強制移動の人々が存在する。

定義された難民概念でさえ、学者、各国政府、人道機関の間で絶え間なく、論議の的となっている。誰が「難民」と定義される資格があり、それはなぜなのか。現今の政策や、その地域的な実施・適用は、従来の「難民の地位」に異議を唱えることになるのか、が問われている。現状では、一貫性を持ち、効果的な取り組みができる改善策が強く求められている。また難民が受ける経験（難民経験）は、理論的にも実務的にも、概念化されてきたし、される方法が見出されねばならない。

本書での、「難民」の位置づけは、彼らが強制移動民の明確な集団の一部であることを認めながら、全体的な強制移動と避難の視点から、より広い事象・事柄と政策動向に、難民を結び付けることにする。換言すれば、射程として、広く「強制移動」を見据えてはいるが、議論の中心は、難民である。

そして、「難民」の用語は、ＵＮＨＣＲが関わる人々、すなわち条約難民、庇護民、国内避難民、無国籍者、帰還民などを含む一般的呼称として使う。要点を繰り返せば、通常の使用法に従い、本書では、難民の地位を認定された人も、まだ難民と認定されていない庇護申請者にも、難民の用語を使うことにする。

一貫しない定義とともに、困難な問題は、従来の〝恒久的解決〟(durable solutions) が、強制移動民に不均質に適用されていることである。すなわち、〝自発的帰還〟（voluntary repatriation）、〝現地定住〟（local integration）、〝第三国定住〟（resettlement to a third country）が、難民側の意思よりも、国家や国際援助機関側の考えで、行なわれていることである。

例えば第三国定住は、実際の難民の数に比べ各国の受け入れ数が少ないものの、〝繊細〟で〝微妙な〟政治的思惑の中で保護を必要とする事例では、不可欠な選択肢として残る。定住を受け入れる国は、この二〇年間、あまり変わっていない。ＵＮＨＣＲが各国から提供される定住枠は、世界全体で約五万人。大きな数で受け入れるのは、アメリカ、カナダ、オーストラリアといった移民国である。

定住枠は、関係する国の特別の関心に基づいて決められ、定住させられる人は通常、ＵＮＨＣＲの定める優先順位とは一致していない。北欧諸国からの枠は、せいぜい年間四〇〇〇人で、ノルウェーのように、同国に直接入国する人々（庇護申請者）の数が増えると枠自体がなくなってしまう。

過去一九一二年～一九六五年、約五〇〇〇万人の欧州人が国外に避難所を求め、ほぼ全員が定住した(4)。冷戦期、先進国は国際難民法での〝exile bias〟（難民は自国に戻れない）を持ちだして、解決策として、定住を主導した。第二次世界大戦後の時期、この解決策を好んだのは西側政府であった。他方、難民の帰還策がソ連の主張で、公式に国際難民機関（ＩＲＯ）に採用された時ですら、西側政府の意向で、定住という解決が、実行上で優先された。

現在、定住という解決策は、特別な必要を持つ難民に対し、とられるだけである。今日では、世界全体の難民の一％以下に与えられている。

目を中東に転じると、イラク人の大量帰還が自発的に起こるとは考えにくいが、近年の研究では恒久的解決策として第三国定住が現われてきている。大半のイラク難民にとって、アラブ諸国での定住は選択肢ではない。エジプト・カイロでインタビューされた難民の半分以上が、国を離れる前に財産を売却しており、国に戻ることは困難である。[5]何らかの収入の道なしに、エジプトで生活することは難しい。

二〇〇八年、一万七八〇〇人のイラク人がＵＮＨＣＲの支援計画で第三国へ定住した。定住の速度はそれ以来早められ、アメリカ入国を許可されたイラク人の数はかなりの数に上った。ドイツは二〇〇九年三月、第一陣四〇〇人を受け入れ、同政府とＥＵの基準を基礎に、キリスト教徒を選別した。

二〇〇九年一〇月、ＵＮＨＣＲは約五〇万人のイラク難民に定住が必要だと推定した。最も危険な状況にある人々を救うべく、手続きの迅速化が求められた。ＵＮＨＣＲは、この時、八万二五〇〇ケースを世界各国に照会した。しかし各国政府は、既に受け入れ許可数が上限に達したとして、その結果、四〇％のみが受け入れられた。

イラク難民の場合、現在は定住という選択肢が狭まり、欧州国家のいくつかは入国した人々の強制帰還を始めている。[6]アラブ諸国に一時的に受け入れられている多くのイラク難民は、孤立化し、長期亡命の見通し[7]（パレスチナ化をいう人もいる）があり、各国政府の関心や支援が下降している。

現今の世界情勢の中で、定住を考える際、気に留めねばならないのは、受け入れ枠の大幅増が実施上、非現実的なだけでなく、受け入れ国の基準で難民選別が強められ（選り好み）、ますます制限的になっていることがある。国際社会で各国が、国際人道援助制度の方向の見直しでもしない限り、定住の機会は減少する傾向にある。イラク難民の定住では、焦点を絞った努力が見られたが、中心となる問題は残った。

多くの難民にとって、西側諸国への定住は、ＵＮＨＣＲを通じてであれ、民間の「私的保証人計画」を通じてであれ、より良い生活への真に唯一の機会であり、緊急援助後に最も求められるものである。現在は非常に少な

い限られた数の難民だけが、そうした計画で受け入れられている。(8)

われわれは、社会的暴力から環境悪化、領域外審査から恒久的解決の問題に対し、強制的移動の異なる状況において、現代がつきつける倫理の問題をどのように考えればよいのか。どのような方法で人々は危機的状況に直面して動くのか。人々はいつ動き、どの位の期間動くのか。危機状況の人々を保護する上で、課題とは何か。どのような要因があり、われわれはどうすれば適切で、持続性のある解決策を作り出せるのか。自らの難民経験を他者に示し、好ましい救援に導く難民側の役割とは何か。同様に、研究者や実務家の役割とは何か。新しい役割は、難民や強制移動民の定義の拡大で、可能なのか。それは何の目的で?……等々、答えられるべき沢山の疑問点が存在する。

このギャップを埋めるために、本書は、難民移動の様々な局面をグローバルに考える。危機状況から派生する実態を描き、現在の取組みが根拠とする政治的、社会的、政策的構造を探り、危機への対応状況の有効性を評価する。

グローバル時代の難民　＊　目　次

まえがき　i

序　章　現代世界の難民・強制移動民の状況……3
——激しく移り変わる避難原因とグローバル化する国際環境——
1　はじめに　3
2　難民封じ込めと滞留難民状況　4
3　歴史が生み出す難民　7
4　ＵＮＨＣＲ　10
——新しい役割と課題——
5　グローバル化と複雑な移動動機　13
6　おわりに　16

第１章　冷戦後の国際環境……19
——国家主権と介入——
1　新しい展開　19
——困難とジレンマ——

2　難民キャンプの軍事化　22
3　国家主権と介入　24
4　保護する責任　27
——道徳と政策のバランス——
5　滞　留　31
——難民キャンプと治安——
6　帰　還　32
第2章　UNHCRと国際政治……36
1　UNHCRの創設と冷戦構造　39
2　第三世界での事業拡大　43
——一九六〇年代〜八〇年代——
3　ポスト冷戦期　47
4　新しい課題　50

第3章　先進国に庇護を求める人々……58
1　移住抑制策と移住管理　63
2　疑われた難民条約の適切さと有効性　65
第4章　庇護政策の模索……70
――脅威 vs. 道徳――
1　厳しさを増す入国条件　72
2　領域外での審査　75
――オーストラリアの戦略とイギリスの提案――
3　庇護国と庇護民への影響　77
――行為の道徳性――
第5章　抑制策の南への波及と滞留難民……82
1　長期化する避難　84
――滞留難民の問題――

2 希望を求めての第二次移動 87
——密輸ブローカーの暗躍——

第6章 都市への難民流入……95
——実状と課題——

1 用語と避難形態 99
2 先進国の受け入れ国（ホスト国）への影響 101
3 生活の枠組みをつくる政府の政策 103
4 不安定な法的地位 105
5 雇用機会の創出と労働権の確保 107
6 おわりに 110

第7章 支援と自立……115
——つながりと架橋——

1 困難な中での生活再建 117

2 逃亡は生計戦略の一つの手段か 119
3 曖昧で脆弱な現実 124
4 能力開発と教育機会 127
5 社会資本――社会ネットワーク―― 130
6 コミュニティ再建と生計支援計画 132

*

注 135
あとがき――新たな傾向と課題―― 160
参考文献 167
人名索引 168
事項索引 186

グローバル時代の難民

序章　現代世界の難民・強制移動民の状況

――激しく移り変わる避難原因とグローバル化する国際環境――

1　はじめに

人間の歴史を通じて、人は自分の共同社会や国から、政治的迫害、社会的暴力、武力紛争などの結果として、逃亡を余儀なくされてきた。にもかかわらず、近年の「人間の避難」の問題は、いくつかの点で特に重要である。そして冷戦終結以降、その特徴はある点では新しい。

世界の難民の八〇％は途上国に収容され(1)、四二％の人々は一人当たりのGDPが三〇〇〇ドル以下の国に暮らしている。そうした国々は、難民流入の速度に自身の都市計画や開発計画を合わせることができない。流入した難民は、犯罪率を押し上げ、公共サービスへの過剰な負担となり、乏しい就業機会、住居や資源をめぐる競争を引き起こしている。これらの人々のうち、限られた数の難民だけが、欧州、アメリカ、オーストラリアなどに入国をはかっている。そうすることで、彼らはより大きな国際移動の流れの中に加わっている。

そうした国際移動をする人々の主な目的は、仕事を求め、より良い生活水準を達成したり、既に移住した家族や共同社会の仲間に加わることかもしれない。実際、難民と経済移民の間の区別は一層難しくなってきた。多くの場合、人々は様々な脅威、様々な困難さ、様々な機会の有無等が複雑に絡んだ理由に応じて、一つの国、一つの大陸から、他の国、他の大陸へと移動している。

彼らの動機が何であるかにかかわらず、貧しく不安定な国から、先進国へ何とか移動した人々の多くは、難民の地位の申請により、自分たちの居住権を求めてきた。これは、一九八〇年代以降、〝南〟から〝北〟への〝正規の移動〟として、彼らが利用できる非常に限られた道のひとつである。

2　難民封じ込めと滞留難民状況

世界の多くの国々は現在、先進国、途上国を問わず、明らかに難民・庇護申請者に国境を閉じ、自国内に彼らを入国させない方向へと、国内法やその諸手続きを改正している。アメリカでは、移住は不変の重要事だが、9・11以後、安全への懸念と相まって、これまでの統合、新着民への寛大さの是非をめぐり、多文化主義、アイデンティティは、主要な政治問題となっている。

欧州では、既に欧州諸国内に滞在する移民の「統合の問題」がある。外国人嫌いと人種主義が高まり、制限の多い庇護手続きが作られ、さらに庇護を求めてやってくる人々を周辺に押し出すための制度化が一層進んでいる。移住・庇護の問題は、欧州各国で政治化され、途上国での「難民封じ込め」を進め、「滞留難民状況(2)」を作り出している。

先進国での以上のような庇護の抑制と制限措置は、途上国に残る大量の数の難民の保護に深い影響を与えている。先進国が難民条約の中核である保護義務を破れば、途上国の政府もそれを真似ることになる。パキスタンは一九八〇年代、九〇年代に何百万人というアフガニスタン人に「庇護」を与えてきたが、二〇〇一年末のアメリカのタリバーンへの攻撃後、受け入れ抑制策に転じた。タンザニアは、歴史的に非常に寛大な難民受け入れ政策をとってきたが、今はできる限り早期の難民帰国を望んでいる。〝難民庇護が陰る〟という、悪い兆候が世界的に現われている。

世界の難民の大半は今や、五年以上の逃亡生活を送り、多くの不利益を被り、権限と力を剝奪され、自己の環境と未来を変える行動をすることが困難になっている(3)。滞留状態の難民は忘れ去られ、彼らの状況を最終的に解決しようとする試みは結局のところ放棄される。多くの状況で、難民は適切に保護されないだけではなく、場合によっては、権利が侵害されさえしている。一時的避難は、〝長期化した一時性〟になる。この状況は、〝warehousing〟(難民を大規模な公共収容施設に放り込んでおくこと)と呼ばれる。これらの問題は、分離して考えることが適切である。

避難の長期化で起きる最大の問題は、難民・避難民の「人権侵害」である。一九八〇年代後半から、〝南〟の多くの国々は、難民・避難民に対し、政府が指定した難民キャンプに住むよう要求した。家族が何世代にもわたって全生活を難民キャンプで過ごす。途上国では、難民は日常的に基本的な権利を奪われ、首都から遠く離れた国境地帯のキャンプに閉じ込められている。そこでは、難民の自立の見込みも、彼らが地元に組み入れられる見込みも全くない。例えば、何千人というカレン族難民が一九八〇年代半ば以降、タイ・ビルマ国境沿いのキャンププで誕生した。これらの難民の大半はキャンプ内で成長し、キャンプ内で家庭を持っている。全員が、いつ、どこで、自分たちの逃亡に対する解決を見出せるのかを知ることはない。避難の長期化は、人権と生活に大きな意味を持っている。

現代の難民・庇護申請者の状況で特徴的なことは、第一は、庇護を求める人々が増大する一方で、「難民の地位に該当する人々」の数が少なくなったことである。換言すれば、難民数は下降する一方、迫害、暴力、武力紛争による人々の避難数は、実質的に増大していることがある。避難する人々は、国境を越えるよりも、国内に留まる。大半はアフリカ大陸にいる。理由は、他国への庇護を求めることが物理的にできないか、そうすることを望まないためである。

第二に、ある地域を同じ民族や政治的味方の居住区にするため、意図的な避難・追い出しが、戦争の武器として使われている。大量避難は、武力紛争の中で発生するが、難民移動は単に、戦争の副産物ではない。忠誠心を得られないと思われる人々や、敵を追い出す目的で、政府か他の勢力により、暴力の行使が行なわれる。

第三に、難民移動の根本原因が変化したように見えることがある。冷戦終結時まで、難民といえば、ファシズムや共産主義から逃げ出す政治的反対者や少数集団であった。しかし近年は、アフガニスタン、ブルンジ、コロンビア、リベリア、シエラレオネ、ソマリア、イラク、シリアのように、武力紛争や共同社会内の暴力の影響を受けた国々から出ている。

第四に、上記と関連して、庇護申請者の多くは、明らかに難民としての根拠がないという考えが広く流布していて、時には援助の障害となっていることがある。難民・庇護申請者がその国の入国者のかなりの部分を占めても、彼らは全体として、人口、労働市場や社会一般に影響力が大きいというわけではない。しかし彼らはその人数が増加していると感じられるならば、数字の上ではそれほどではなくとも、世論に大きな影響を与えることになる。[4] 背景には、受け入れ国の文化を守る「アイデンティティ政治」（the Identity Politics）がある。庇護申請者は一九八〇年代、九〇年代と増減を繰り返した。二〇一〇年、世界の一六七ヵ国での申請数は八五万件。[5] そのうち南アフリカは一国としては最大で、一八万六〇〇件、先進国で申請の最大の受け入れ国は、EU二七ヵ国で、二三万五九〇〇件であった。今日、庇護を求めることはグローバルな現象である。

第五に、難民・庇護申請者や〝不規則移動者〟の入国を防ぐために、入管当局は人々を区別せず、彼らを他の外国人と同じように取り扱う措置が導入されていることである。庇護申請が認められなかった人や、〝庇護漁り〟の人（自ら望む国を求めて、移動を繰り返す人）を庇護国（受け入れ国）側が国外追放できないという、困難が生じている。問題解決のために、各国は世界的にも地域でも、数多くの協議を行なっている。

第六に、入国管理が厳格になったことで、人の密輸や人身売買を扱う国際的な〝移住産業〟が急速な拡大を見せていることがある。

3　歴史が生み出す難民

難民問題が過去に比べ、現在の方が深刻だというのは不正確な言い方であろう。事実、統計上は世界の難民人口は近年、下降している。現代の移民の大陸間の移動の割合は、歴史上先例がないというのは誤りである。一八〇〇年～二〇〇〇年という二〇〇年を例にとると、移動のピークは一八四五年～一九二四年で、五〇〇〇万人（主に欧州人）が西半球に移動している。その時、世界人口は一〇億人のみであった。他の大陸に移動した（あるいは移動させられた）アフリカ人、アジア人の全体数は、一五〇〇年〜一九六〇年にはわずかに一五〇〇万人であった。他の大陸と比べ、主要な送り出し国としての欧州が果たした役割は一九七〇年代まで続いた。全体として、ＯＥＣＤ加盟国が移民の入国を経験し始めたのはそれ以後、現在までの四〇年余りである。

第三世界の難民流出の状況と性質は、第一次世界大戦の終わり頃から、欧州地域での難民流出とは異なるとされた。〝通常の〟難民のイメージは、欧州で発生した難民のイメージをもとに作られている。そうした難民のイメージとは、白人で、男性で、反共主義者であった。これは、第三世界を逃れる個人のイメージとは著しく異なっていた。

欧州難民が、難民として典型的な、政治的迫害や国家間の戦争から逃れる個人であり、一方、第三世界の難民は内乱や社会不安が原因で発生する、政治的、経済的崩壊を逃れる大量の人々の流出の一部で、欧州難民は、非欧州難民とは根本的に異なるという考えは明快だし、受け入れが容易である。

しかしそうした見方はあまりに単純で、当然、それに対する批判が出されている。それによれば、冷戦期の欧州難民は、二〇世紀の欧州難民のほんの一部であり、両大戦期の欧州の難民移動と一九四五年以降、途上国世界とソ連崩壊後の旧共産圏で起きた難民の間には、驚くべき類似性がある[6]、という。この見方をとれば、冷戦後の難民に対する見方は一面的で、難民流出の根本原因に関わる複雑な現実を捉えていないことになる。同様に、ルワンダの事例では、例えば国際コーヒー市場の崩壊やマクロ経済改革の実施で同国の経済環境が悪化し、それが民族間の緊張を増し、政治崩壊を促し、大量虐殺に至った複雑な社会経済的現実を見るのではなく、西側メディアに代表される見方は、民族紛争として、ルワンダでの虐殺を描くということになる。

前二〇世紀、そして今二一世紀の大量難民の動きは、〝歴史的過程〟により生み出されている[7]、という。簡約すれば、①帝国の世界から、国民国家の世界へと構造的に変化し、特に多民族の帝国が均質な国民国家に変形した時、難民の大量移動は、不幸な副産物であった。②軍事技術が高度に破壊的となり、全体に影響を及ぼす全面戦争になった。第一次、第二次世界大戦のような近代戦争、もしくはアフガニスタンやシリアの内戦のような国際化された内戦は大量の難民を生み出している。

難民を含めた、人の強制移動には多くの原因があり、多くの形態をとる。人々は、迫害、人権侵害、抑圧、紛争、自然災害、人災で、住み慣れた土地を離れる。多くの場合、人は地域の民族的、宗教的、あるいは他の要因を変えたり、土地の無人化を意図する政府、もしくは反乱勢力に家を追い出されるが、多くの人は、生命を脅かすこれらの出来事から自分の意思で逃げる。避難の原因は移り変わる。

一九九〇年代、五〇ヵ国が戦火を被り、民族紛争や〝失敗国家〟の用語が政治論議の中で語られた。武力紛争は〝新しい戦争〟へと変化し、他の側の人々は全て敵となり、攻撃目標となった。もし攻撃の目的が、兵士の損失を防ぎ、敵側を心理的に害することであるのなら、市民の被害は望ましいという見方もある。世界のどの地域でも、政府、軍部、反政府勢力は、自分たちの政治的・軍事的目的を達成するために、暴力により人々を動かそうとしてきた。

国民のかなりの人々が大きく動くことは、隣国や域内の諸国に大きな影響を与え、難民の受け入れ国に極度に困難な問題を与える。難民移動は、安全保障上の新しい重要性として現われ、世界的なメディアが報道を強める中で、国際社会が緊急に難民問題に焦点を合わせるようになった。二〇〇一年の9・11以後、難民は自動的に安全保障問題に関連づけられることになった。人道危機での安全保障理事会（安保理）の関心は高まり、難民は、国際の平和と安全への脅威として、強制移動という事象の重要性が意識されるようになった。安保理は問題に対処するため、数多くの会合を重ねた。難民は保護の受益者という、従来の立場は後退した。

アメリカやその他の有力国は近年、戦略的な関心度がそれほど高くないため、紛争が進む地（特にアフリカ）へ軍隊を送ることには消極的である。同時に、各国政府は、特にメディアが広く報道する場合、難民の災禍に対処するよう強制されていると感じている。それゆえ、UNHCRや他の国際機関に救済の仕事をさせるようにしている。(8)

人道援助の供与は、財政的、及び政治的にドナー政府（多くは先進国）にとっては比較的リスクの小さい選択肢である。なぜなら、人道援助はメディアと世論に対し、ある種の行動をしたことで、人間の苦難を和らげるという彼らの要求を満足させることができるからである。しかしそれはまた、ドナー政府にとっては、政治的・軍事的な介入という決定的な形をとることを拒む言い訳にも使われる。一九九〇年代の似たような状況の中で、各国政府は、UNHCRを促して、人道援助を行ない、長期にわたる地域紛争を解決する上で何もしない、あるいはできない〝政治的怠慢〟の言い訳に使った。UNHCRは一層実務的になり、自ら多くの計画を行ない、難民に様々な事業を実施している。

4 UNHCR
――新しい役割と課題――

過去二〇年、UNHCRが活動する国際環境は劇的に変化してきた。UNHCRは従来の「伝統的な難民」を助けるだけではなく、〝広く関係する人々〟を援助してきた。彼らは、国内避難民、帰還民、その他の紛争の犠牲者である。また新しい環境、特に暴力紛争の中で、国連平和維持軍や多国籍軍とともに活動することもある。結果として、これらの変化は、役割の拡大を意味している。人身売買の犠牲者は通常、国際保護を求めて自国は離れないが、その過程で人権侵害を経験すれば、UNHCRの関心の対象になるかもしれない[9]。

UNHCRの援助を受ける避難民や戦火被災民の数は、劇的に増加した。UNHCRが関係する人々の数は、一九九〇年の一五〇〇万人から一九九六年には二六〇〇万人で頂点に達した。このうち難民の数は、わずかに約半分であった。強制移動の問題は、間口が非常に広くなり、難民キャンプという従来の型にはまったイメージよりも、より複雑な現象になった。用語上の法的意味での難民は今や、UNHCRに保護され援助される人の半分にすぎない。現在の援助では、既に国外にいる難民だけではなく、「強制移動民」という広い範囲の人々に対処せねばならない。例えば国内避難民の保護では、類推で適用可能な難民法のほかに、国際人権法や国際人道法が必要となっている。

一九九〇年代、UNHCRは最も有力な国連機関となった。予算は拡大し、資金の使途を正当化するためにUNHCRの委任事項は拡大された。UNHCRは、戦火のボスニアで「予防的保護」(preventive protection)で、難民に「追い出されない権利」(「留まる権利」)を主張したが、留まる権利は、人道主義という外見の背後で、非人道的行為で、「殺される権利」だ[10]、と批判された。また、難民の権利を守る専門機関ではなく、一般的な福祉機関になったのか、と批判された。途上国は難民を受け入れ世話する資源が少なく、難民はUNHCRに大きく依存している。UNHCRの組織と役割、そして存在は肥大化し、現行の援助には難民の民主的な参加や手続きに不備があるとして異をとなえる声もある。法的保護よりも、人道援助の一つの形態として、UNHCRにそのの使命を改めて定義するよう圧力をかけたのは、〝北〟の影響力の強い国々であった。必要な場合には、UNH

CRは資金供出国のために、〝汚れ仕事〟をしてきた。[11]

今日、UNHCRは国内避難民を助け、避難民の影響を受けた一般市民さえ援助している。[12] 政治危機を〝人道危機〟と定義し直し、ドナー国が軍事介入することなく、行動をとったという印象を与えるようにしている。

一九九〇年代に発生した難民、国内避難民の緊急事態では、人道活動、特に物質援助（食糧、住居、薬品の配布）に重点が置かれた。発達した運輸手段、通信技術の進化で、遠く孤立した地でさえ、迅速に物資配給ができるようになった。おそらく通信革命がもたらした最も重大な効果は、〝CNN効果〟と呼ばれるものである。人道危機を映し出すテレビの映像は、人々に衝撃を与え、支援・援助には絶対的な力を持つことが証明された。ニュース報道の媒体が増え、ニュースが一日中放映されるテレビ・ネットワークが普及したことで、世界中の市民の情報取得の能力が高められた。

コソボ危機では、救援機関と情報技術会社の間に新しい提携関係ができた。UNHCRや「国際移住機関」（IOM）と、マイクロソフトや他のコンピューター会社は、最新の登録制度を開発し、アルバニアのコソボ難民に使った。難民になることは、非人間的な経験だが、コンピューター化された登録のデータベースは、被災し困惑した人々に、見失った家族を探し出す上で大きな力となった。

こうした中で、人道活動の成否の評価は、主に援助配布の〝技術的な基準〟と、難民の〝物質的な必要物〟を満たす点から判断された。「人権の保護」という中心的な重要性はしばしば無視された。[13] UNHCRは結果として、人権を守る中心的な難民機関から、より広い基盤を持つ〝一般的な〟人道機関として活動を広げることになった。難民危機に対する国際的で人道的な対応においては、難民の人権保護を犠牲にして、物質援助が続けられているのである。

伝統的に、難民や人道危機は、その場しのぎの形で扱われる傾向があった。避難への国際的な対応で、制度上の主要な欠陥の一つは、将来の災禍にあらかじめ予想で対応できないことである。特に国内避難の場合、危機が大規模であっても、自動的に即座に反応できる国連機関は全くない[14]。各機関は、自分たちの委任事項、財力、関心の点から、関与する状況を選んでいる。危機に際し、各国連機関は選択を働かせ、条件付与をするので、その結果、国連としての活動は限定され、かつ一貫しない対応となっている。

また、緊急援助の複雑さに対応できる、十分な経験と知識を持つ人が少ないため、国連は新しい危機が起こるたびに、数少ない同じ人物に仕事を依頼せねばならなかった、ということもある[15]。緊急事態で採用されたスタッフは、進んだ訓練を受ける機会もなく、専門的な能力開発のための機会も乏しい。仕事の専門的特質・資格をはかる確立した基準もほとんどなかった[16]。UNHCRのような伝統的な難民機関は今や、開発、人権、平和維持、その他の責任を他の機関と分け合い、スタッフの訓練が必要になるとともに、これら他機関内でもスタッフの専門的訓練が必要になっている。

5 グローバル化と複雑な移動動機

グローバル化で、運賃が低下し、人は外国にいる友人や親戚から、雇用機会や住宅の情報、入国規制と入国の仕方のノウハウを入手できる。彼らは、観光客として入国し、仕事を見つけるために滞在する。また、政治庇護を申請できることも知る。申請期間中に仕事を見つけ、受け入れ国の費用で生活できることも知ることが可能である。欧州への入国ルートがないことで、途上国からの人々は「庇護ルート」に転じた。難民と他の移民は一層、互いに混じり合い、一緒に動くようになった。両者は、しばしば不規則なやり方で、同じルートを使い、同じ密輸ブローカーの手配に頼る。受け入れ国では、様々な種類の管理手段が講じられ、〝望まない移民〟の入国を阻止し、庇護の申請者数を減らすのに様々な方策が使われてきている。ビザ取得の義務化、適切な入国書類を持たない乗客を運んできた航空機への罰則等がとられている[17]。しかし、これらの様々な制限措置は、庇護申請者を密輸ブローカーの手元に一層追いやり、庇護を得る行為はかなり危険なことになった。

不規則移民（不法移民）の数の増加と庇護制度の乱用が増えたことから、西側先進国は入国管理を厳しくしている。特に欧州では、入国希望者が殺到した結果、一九九三年各国政府は、流入を止めようとした。ドイツは一九九二年、四〇万件を超える難民申請書を受け取ったため、同国憲法に定められた庇護権を変更し、安全な国、安全な第三国から入国する人々の受け入れを停止した。

庇護に制限を加えることは、一九九〇年代から、先進国では例外というより、半ば習慣となってきた。難民流入を防ぐために国境を閉鎖することは、冷戦期よりも、今や広範に広がっている。迫害、暴力が存在する不均衡でグローバルな世界では、各国は経済的にどこでも一様に受け入れが可能であり、政治的に市民として受け入れ、道徳的に広く、国境を開く義務があるのか、という問題に直面している。政府官吏は、誰がより良い経済機会を求める人で、誰が暴力から逃亡し、誰が迫害の十分根拠のある怖れがあるのかを直ちにどのようにして区別できるかが課題となっている。官吏にしてみれば、道徳的に説明可能な、入国に関する強制規準をどのようにして作りだせるかである。一九九一年~九五年、旧ユーゴスラビアからの大量難民の流出防止は、西欧諸国の紛争への明確な戦略であり、アプローチであった。この制限措置は途上国にも広がり、加えてドイツやアメリカは、ポーランド、南アフリカに対し、先進国での制限的な庇護制度を助言している[18]。

入国には、より強い管理が必要だという感覚は広まり、難民危機で人道活動が盛んなことと、多くの国々で伝統的な保護と庇護の仕組みが弱体化することは、互いに結びついている。二一世紀、難民は、自由な伝統が最善という西側のシンボルの代わりに、「過重負担のシンボル」となっている。「人間避難の政治」と、国際社会の役割が問われている。多くの国々は、難民や庇護を求める人の受け入れに熱心ではなくなっている。特に、新着民が著しく異なる文化や民族的背景を持つ場合にはそうである。

多くの人々は、入国の厚い壁にぶつかり、移動過程から除外されている。その過程に入ることができる人は、多額の財産・収入があるか、高度な技術を持つか、あるいは性別、年齢、民族、国籍などの要件に該当する人々であり、資格要件が非常に細かく分節化している。

これらの強制的な移動により、最も頻繁かつ深刻な影響を受ける人々は、社会の中でも最も脆弱で、周辺化された人々、すなわち少数者集団、無国籍者、先住民、その他権力構造から排除された人々である。

「難民は、保護の必要がある」。これは、大半の政府が同意する。しかし、一体誰が難民なのか。難民・庇護申請者は保護の必要があるという合意はあるが、しかし誰が保護を与えられるべきで、申請をどのように審査し決定するのか、どこで、どんな種類の保護が望ましいかについては一致点がみられない。

国連難民条約は、難民の概念を迫害か、迫害の怖れのある個人に限定し、往時のアフリカ統一機構（ＯＡＵ、現在のアフリカ連合ＡＵ）の難民の定義は、一般的な暴力から逃れた個人を含んでいる。両方とも、難民を自国政府の保護がない個人としている。カルタヘナ宣言（the Cartagena Declaration）は、難民条約の定義を拡大し、逃亡の理由として、個人の迫害に加え、一般的な暴力、外国からの侵略、国内紛争、人権の大量侵害や、公共秩序を深刻に乱すその他の状況によっても引き起こされるとしている。

逃亡する人々の何人かは、国内避難民として自国に留まるか、何とか国から脱出でき、一時的か永続的にか、隣国か近隣の国々に難民として庇護を求め、避難場所を外国に見出す。他方、国外は安全かというと、必ずしもそうはならず、自国の状況が大きく変化する前に、庇護国政府の意向次第で、帰還を強いられるかもしれない。他の人々は、安全と保護を求めて、遠い西欧、アメリカに庇護を求めて、さらに移動を続ける。

「難民の地位」というのは、乏しい資源を獲得するための源である。地位を与えられた個人は、「特権階級」に入る。その人に、保護と援助のため、安全な国に移動することを許すという資格である。しかし反面、難民の定義と資格が広くなればなるほど、より多くの難民がやってくるという現実がある。政府は、この資格を誰に与えるべきで、どの程度寛大であるべきかを決めねばならない。

移動の動機を解明することには、しばしば困難が伴う。異なる諸要因が、複雑な移動過程の異なる段階で、卓越した強い影響を及ぼす。途上国はますます、大量の難民を受け入れることにためらいを感じている。貧しく不安定な国から、先進国へと動く、庇護申請者、難民、その他の移民。移動の方法や動機は非常に異なり、動的で、一般化は難しい。そしてどの移動の流れの中にも、状況と原因の力学に異なった反応を示し、反応の程度が様々に異なる、移民やその集団が含まれている。移動研究の主要な課題は、原因国の草の根段階の家族、そして難民の元々の地域社会、さらに移動先で見出された知見を、より広いネットワークや過程と結びつけることであろう。

6　おわりに

今ますます、難民は都市区域に住んでいる。通常は、失業と貧困が蔓延し、住宅が密集し、インフラが不十分なスラムの中に住んでいる。彼らは、難民キャンプでは一般に起こらない保護の問題や、生活上の無数の問題に直面させられている。広く一般に見られるのは、特にアフリカの都市に多いが、正規の有効な書類がないために、居住地での虐待に対応できなかったり、自分たちの権利を要求できず、日々嫌がらせと逮捕の恐怖が常にあることである。

多くの難民は、虐待、差別、嫌がらせ、職場での搾取に耐えねばならない。難民と認定された人でさえ、庇護申請者（難民申請中で立場が弱い）が直面する保護や生活上の問題を経験している。公的である「難民の地位」は、都市に住む難民（都市難民）にとって、認定されてもあまり違いはない[19]。移動過程で、難民がカギとなる行為者との間で遭遇する、搾取、不平等な権力力学の様相を見る必要がある。そして、これらの行為者との関係が、どのようにして作られ、解決されるのかを探る必要がある。都市難民の活動を調べ、彼らが生活を作り出す、社会、経済、そして政治的な文脈を理解することで、彼らの経験の理解をはかる。

彼らがどのような課題に直面し、援助機関や受け入れ国政府がどう支援しているのか、あるいは逆に妨害しているのかを探る必要がある。主要な点は、難民・庇護申請者の社会的凝集力を育む統合過程をどのように進めることができるのか、である。それには、「国、地域社会、雇用主、市民社会のメンバーの役割は何か」、「保健、教育、社会福祉、雇用、法の実施のような問題に関わる多様な活動者の間の結束と調整はどのようにしたらできるのか」、「難民個人及び集団ごとに異なる特定の法的、社会的、経済的に必要なものは何か」、「性別役割、年齢、技術能力、民族、その他の要因は定住にどう働くか」、「最良の定住実施措置とは何か」を考えることであろう。そして以上の事柄を考える時、強制移動民への政治的思惑、メディアの言説、法規範や政策と措置をどのように変えていくことができるのか、を考えることが大事である。

本書では以下、難民の現状に、政府、援助機関、ＮＧＯ、そして国際社会が、過去どのように対処してきて、今後どのようにしようとしているのかを取り上げ、課題のいくつかを検証し、評価してみることにする。

第1章　冷戦後の国際環境
――国家主権と介入――

1　新しい展開
――困難とジレンマ――

一九九〇年代初めから、武力紛争下での人道活動は困難をきわめ、ジレンマが顕在化する。難民保護の分野では、〝人道活動〟の分野への移動が起きてきた。一九九〇年代まで、ＵＮＨＣＲや他の難民救済機関は主として、国境を越えた避難に関係してきた。その結果、彼らは庇護国での活動に集中してきた。庇護国での状況は、相対的に安全で安定していて、原因国や紛争地域での人道活動は、一般に国際赤十字委員会（ＩＣＲＣ）の分野であった。一九九〇年代まで、ＵＮＨＣＲは政策として、国際移住の問題には関わらなかった(1)。ＵＮＨＣＲは自己の委任事項に入る人々への特別の地位の付与と保護に集中することを望んで、国際移住の問題から、難民保護の問題を切り離した。ＵＮＨＣＲは、そうした分野・場所で活動することには、伝統的に乗り気ではなかったといわれるが、今では武力紛争地域と原因国で活動している(2)。

一九九〇年代前半、国家主権と不介入という伝統的な概念は、見直しを迫られ、状況は変わるかもしれないと見られた。ＵＮＨＣＲは、難民問題への国際社会の反応は、「亡命志向」よりも、「本国志向」だと主張した。この流れは、国連人権高等弁務官の任命によってさらに強められた。

しかしまもなく、そうした介入への問題が顕在化した。ソマリアでは、アメリカその他の軍隊が地元からの強い敵意に直面した。ボスニア・ヘルツェゴビナでは、国連軍は少数者集団に適切な保護を与えられなかった。リベリアでは、西アフリカ平和維持軍が地元民に人権侵害を行なった。人道的介入へのイニシアチブへの熱狂は陰り始めた。

〝市民の追い出し〟が戦闘の目的の場合には、人道活動は中立、もしくは公平な活動とはみなされない。人道機関やそのスタッフは、何らかの意味で敵とみなされる集団へ援助を与えていると見られるなら、標的にされる。援助機関は、紛争関係者から資産を盗まれ、避難民やその他の被害者の場所への通行と引き換えに、救援物資の一部を渡すよう要求された。

人道援助者はますます、政治的、軍事的行為者からの危険や圧力に直面するとともに、道徳的なジレンマに直面させられた。ボスニア・ヘルツェゴビナでは、危険にさらされた少数者集団を安全な地へ移すことは、単に〝民族浄化〟に手を貸すことになる。一九九〇年代半ばのアフリカ大湖危機では、沢山の援助関係の人々から、ＵＮＨＣＲに対し、タンザニア、ザイールに設営されたルワンダ難民キャンプから引き揚げるよう、要求が出された。ＵＮＨＣＲは、大量虐殺（ジェノサイド）に関わった人々を助け、彼らの軍事的、政治的目的を支援していると批判された。この種の活動は完全に放棄されたわけではないが、人道的関心が西側諸国の地政学上の利益と合致する状況で行なわれるようになったように見える。

新たに注目を集めた分野は、避難させられた人々の物理的安全であった。UNHCRのいう保護は、長いこと国際法や国内の難民関連法に精通した法律家の分野だった。彼らは明らかに、難民の地位の決定や送還の怖れから生じる保護の問題に対応してきた。しかし、保護はますます、避難する人々の多くが、まだ紛争地帯にいることから、彼らの物理的な安全の確保を意味するようになってきた。人道的介入の考えを正当化するだけでなく、難民から他の避難民への焦点の移動を促した。

イラク難民の大半が住む、シリア、ヨルダンは難民条約の加入国ではなく、パレスチナ人以外の難民に対処した経験はほとんどない。庇護に関した法律もなく、国自体が権威主義体制で、強権的体質を持っている。こうした問題はあるが、これらの国々で難民は、UNHCRが効果的な保護の拡大と見る〝保護空間〟(protection space)の設定[3]で、利益を得てきている事実はある。

難民保護の言葉は、長いこと「負担分担」の言葉と同じ意味を持っていた。しかし負担の意味は近年、著しく変化している。二〇〇一年以降、難民の保護という課題は劇的に変化したし、また戦争自体が性格を変えている。保護の課題はそれゆえ、より複雑さを増しているのが実情である。災禍を逃れる人は今や、一般に国境を越えず、難民数は継続的に下降する一方、国内避難民の数は上昇している。約三分の二の難民は滞留状況にあり、庇護国で少なくとも、五年以上留めおかれている。

現状を打開するために、難民条約の条項に単に依拠するよりも、多国間の「補足的な合意」(Convention Plus[4]として知られる)のような形が望まれ、難民問題の多面的な側面(庇護、自発帰還、定住、現地統合、難民の第二次移動、国際的な負担分担）に調和したやり方で各国が対応できるように意図されてきている。

2　難民キャンプの軍事化

冷戦終結以降、難民の大量移動の影響を受けた庇護国は時折、移動の根本原因に対応するべく、原因国に介入してきた。介入は、ある主権国家の行動が、他の主権国家の安全を脅かす時に、その行動が予想される。アメリカは、ハイチでの抑圧政権から、筏や船で国を逃げ出す多くの人々を抑えるために、彼らを海上で阻止し、キューバの米グアンタナモ海軍基地に連れていった。一九九四年、アメリカは軍事政権を倒し、民主的に選ばれた大統領をハイチに復帰させた。

大量虐殺後のルワンダでは、人々の大量脱出が起きたが、脱出の原因は勝利したツチ族の軍隊によるものではなく、敗れたフツ族政権の手で行なわれた。フツ族は国の支配力を失ったので、その指導者は同族の一〇〇万人以上の人々を説得して、国を離れ、ザイール東部（現コンゴ民主共和国）とタンザニアにある国際社会が援助する難民キャンプに入るよう勧めた。フツ族のこうした目的は、単純で、新しく統治することになるツチ族支配の人口を減らし、行政権を弱めること、母国ルワンダ国境沿いに亡命者の巨大な集積地を作ること、そしてそこからルワンダのツチ族政権に攻撃をしかけ、政情を不安定化することであった[5]。

新しいのは、隣国への難民の短時間の大量流出が国際安全を脅かすという認識である。イラク北部での安全地帯の設置を認めた国連総会決議第六八八号を手始めに、多くの事例で国連安全保障理事会は、隣国への脅威を減らす方法は、原因国内で援助と保護を与えることだとした。人道活動に高い優先順位が与えられ、難民と国際安全保障の間のつながりへの認識が高まる中で、人道活動は、国際的な政治交渉の中でますます、重要な役割を果たしていることを意味した。一九九〇年代、UNHCRは定期的に、人道状況について安全保障理事会で説明を求められ、難民と他の強制移動民が、政治的、戦略的な重要性を持つことになった。

さらに、国際社会は難民キャンプで、武装勢力の存在に直面させられた。一九九四年半ばからのザイール東部のように、武装民兵は、難民が帰国するのを妨げ、実際上、彼ら一般市民の中に隠れ、戦いのための人質にしようとした。

人道援助組織は、ルワンダ虐殺後の大湖地域で見られたように、高度に軍事化され政治化された状況の中で働かねばならないことになった。援助への批判の中には、UNHCRがキャンプ内のフツ族兵士に援助を与えることで、紛争を長期化させ、より大きな人道危機にしてしまい、大湖での状況を悪化させた、というものもある。[6] UNHCR、庇護国ザイール政府と国際社会は、フツ族難民キャンプの民間人収容という性格を維持できず、キャンプを敗走したルワンダ虐殺集団の軍隊の後方基地としてしまった。難民は、彼らの政治的人質にとられ、キャンプはルワンダの首都キガリの新政府への侵攻・攻撃の拠点になった。

タンザニアやギニアでは、巨大で継続的な難民流入があり、難民戦士による安全保障上の問題への懸念がますます高まっている。一九九八年タンザニア難民法の施行後、同国での難民の扱いは、一層制限が加えられ、特に移動の自由に制限が加えられている。[7] 難民戦士は一九八〇年代、パキスタンの難民キャンプや、タイ・カンボジア国境、中央アメリカ、アフリカの角地域（インド洋と紅海に接するアフリカ大陸北東部）にあるキャンプで、食糧、薬品などを入手し、強制的に新兵を徴募し、場合によっては武器を購入するために難民労働者に課税を行なった。

近年のほぼどの難民危機でも、キャンプはある種の軍事的な圧力を受けている。イラク北部のクルド人難民キャンプへのトルコ空軍による爆撃から、シエラレオネとリベリア間の民兵の移動と強制的な徴兵、ウガンダ北部のスーダン難民キャンプから出る反乱勢力による母国への襲撃、アルバニア、マケドニアにあるキャンプからのコソボ解放軍による圧迫的な徴兵などが知られている。

「難民キャンプの軍事化」は新しい現象ではない。難民キャンプの軍事化には、長い歴史がある。一九七〇年代のモザンビークやタンザニアの南アフリカ難民のキャンプや、モザンビークやザンビアのジンバブエ難民、アンゴラのナミビア難民のキャンプのように、これらのキャンプは全て、それぞれの解放勢力に支配され、その結果、南アフリカやローデシアの武装勢力に襲撃されている。キャンプは常に、政治動乱と軍事化の戦場であった。問題への関心の高まりにもかかわらず、難民キャンプの軍事化を防ぐ有効な方策は見出せないままである。

3　国家主権と介入

近年の最も重要な変化の一つは、ある国の国内で援助や保護の必要な人々に代わって介入を行なう国家の自発的な意思をめぐる問題である。現実的な政策原則から言えば、主権国家は、他国がその国民を扱う方法に口出ししないようにすべきである。ここでの国家主権の概念は、政府は、外部管理から法的、政治的に自由だという、一般になじんだ意味だけではなく、国民への国家の義務という意味でも使われている。しかし実際はというと、国家は国内にいようと国境を越えようと、強制されて移動する人々に保護を与えることにますます、気持ちがなくなるか、与えることができなくなっている。

現在の難民制度は、制度的な委任事項の中に、数多くの重要な欠落箇所がある。国内避難民は無視され、保護が与えられないまま放置されている。多くの人道機関の活動者は、現場での人々の保護活動において困難に直面している。食糧、薬品、住居をこえて援助活動を実施しようとすると、活動が否定され、国家当局から追放される。難民・強制移動民の人権や物理的安全を主張することは政治的であり、人道、開発問題への当該政府の施策への介入となる(8)。

その一方で、国際的な人権や人道法が、一国の住民の福利のための責任を含むというように、主権の定義が変化してきている。自国民の扱いで、国家主権を政府側が主張しても、もはや内政不干渉の対象になるとは、少なくとも西側政府の間では見られていない。途上世界の多くの国々、特に中国はこの見方を受け入れず、人権や民主手続きといったものは、一般に西洋的なもので、グローバルなものではなく、それらは個々の国々の価値や状況を考慮に入れていない、という。

国家主権の概念に反対する人からすれば、この概念はそれ自体、時代錯誤で、世界経済やグローバルな伝達の力は人の国際移動に強力に働き、国家が入国者を効果的に管理する力は本質的に無力だ(9)、という。

主権概念を再定義する必要にせまられて、国連は自己の果たす役割について、平和の維持だけではなく、市民の保護、人権侵害の監視、人道援助の配布促進、永続的な問題解決などを考えるようになってきた。しかし依然、国際社会の難民問題に対する全体としての反応は、政治、開発、安全保障、人道問題に区分され、多くが異なる場で議論されている。各機関は、それぞれ独自の制度的な仕組みを持ち、独立した政策アプローチを行なっている。アプローチの戦略的な統合はほとんどなく、現場でも効果的な調整作業はほとんど行なわれていない(10)。

二〇〇三年、アメリカはイラクに侵攻し政権を崩壊させたが、事前の二〇〇二年一一月から二〇〇三年三月にかけて、人道関係団体が行なった評価によれば、軍事行動はイラク内外に一〇〇万人以上の人々を避難させるかもしれない、とされていた。UNHCRと多数のNGOは、ヨルダン、シリア、イランで難民を受け入れる準備をした。援助団体は、ヨルダン、トルコの港を通して物資を運び込み、準備を整えた。しかし、侵攻そしてイラク政権崩壊後六ヵ月、イラク人はほとんど国から逃げ出さなかった。数百人がシリアで登録し、約二〇〇〇人がヨルダンへ入国しただけであった。イランには逃亡者はいなかった(11)。評価の難しさがある。目下、必要とされているのは、地域や国際での軍事力の調整がうまくいかなかった場合や、個々の国がどのレベルのどんな型の軍隊を提供し、どんなリスクをとらねばならないかの評価をする必要性である。

空爆にも危険性がある。介入を正当化しうる理由があり、支持者が得られても、目標を何にすれば、対象の武装集団に攻撃をやめさせられるかについては、あまりはっきりしていない。同時に各国は、介入は高くつくと考えている。人権を侵害する国と貿易を制限することは、輸出業者に害を与え、失業者を増やし、物価を上昇させる。紛争当事者を分離するために軍事力を使うのは、問題が多く、高い危険性があり、多くの政府にとって政治的には受け入れが難しい。人道援助は金額的に高くなり、ボスニア紛争のように軍人による保護といった高額なものになる可能性がある。現在とられているのは、難民流出を生み出す国内での状況を変えようとする、政治的にも金額的にも安価な、人道援助物資の配布政策である(12)。

NGOの中には、いかなる状況下でも、人道目的のために武力を使うのに慎重な姿勢をとる傾向がある。彼らは、より広い政治・安全保障の枠組みへ人道援助を統合することで、紛争当事者の片方と援助関係者が同一視され、攻撃の対象にされることを危惧する。コンゴで、NGOの「国境なき医師団」は紛争の当事者双方のために働こうとした。一方、国連保護軍は政府側を支援した(13)。どう効果的に集団として介入するかの問題は、最も難しい未解決の問題である。保護の最善の供与者はＮＧＯかもしれないが、今ある保護委任事項は、多くの機関にとって修正が必要である。まず、信頼の基礎を築くための合意が望まれる。

4　保護する責任
――道徳と政策のバランス――

冷戦終結で、以前よりも、普遍的な人権への道徳的、及び政治的合意が得られて、国際制度がこの合意を具体化し、制度化を考えようとする機運が出てきた。しかし同時にまた、国際的な人口移動は、国家の側に大きな問題を生じ、その国家は国益が影響を受ける時、これらの流入を制限する正当な権利を持つという考えが広まっている。かくして、移民政策の立案では、道徳的考慮と国益のバランスをとる必要が出てきている。

一九九〇年代、強制避難が、アフリカ大湖地域、リベリア、シエラレオネ、アルバニア、コソボ、東ティモールで起こった。これらの事例の多くで、国連、あるいは国連の委任を受けた地域や国家の軍隊が、国内紛争に直接介入して、大量避難の危機に取り組んだ。残虐な犯罪が、緊急状況と避難を生み出すことが予想される時、それは唯一の原因ではない。人道への犯罪は、災害に反応して起こり[14]、その犠牲者には国際保護が必要である。犠牲者は、独裁体制、権威主義体制にある国の長い伝統と、複雑な関係の中に立っている。難民条約は、原因国の責任については何も言及していない。

強制避難と虐殺の意図の区別は曖昧になり、両者の間の線引きはあやしい。これは歴史的に新しい現象ではないかもしれないが、国際人道法の基礎は明らかに軍事状況の上にたてられている。避難、家族との別離、生活に基本的に必要な物が欠乏する状況は、被災した人々の最も共通の経験であり、最大の不安である。

国際アムネスティは、二〇〇九年のイラク報告で、暴力事態の減少はあるが、紛争に関係する全ての当事者は人権侵害を続けていると論評した。子供を含め何千人もの市民が、反政府の武装集団に殺害されている。刑務所では、看守が強姦や拷問に関与し、不法に殺害している。アムネスティは警報状況にあると報告している。暴力事態の数が急激に減少しても、人々の間に安全への信頼が生まれない。途上国での国連の関与は、平和時の市民の人権保護を強調し、国内の少数者集団や紛争下の弱者集団への人道援助が弱いことを意味している。

今ある「保護する責任[15]」(responsibility to protect) は、二〇〇五年の世界サミットからきている。同年の国連総会決議第六〇項第一号で出された原則は、責任としての主権の概念に同意している。同原則は、国際法の下での最もひどい犯罪、特に大量虐殺、戦争犯罪、人道に反する犯罪、民族浄化から、市民を守ることに気が進まなかったり、できない国家に関して、国際社会の役割を高めることを主張している。

保護する責任は、人間の安全保障の用語で飾られているが、世界サミットの結果では、軍事的介入の〝脅し〟を使った高度な外交で実施するとして、安全保障と主権という極めて伝統的な感覚を強調していた。保護する責任はそれゆえ、大規模な残虐行為の予防の重要性をとなえるが、これは難民・国内避難民の援助者が防止したいと考える、強制避難に至る事態の構造的予防、すなわち人権侵害の予防というものではない[16]。深刻な人権侵害を脇において、予防に狭く焦点を合わせることは、事態を誤った方向へ導くことになる。国際的な犯罪行為は、予防行為の対象ではなく、むしろ正義と罰の対象とされてしまう。

予防に狭く焦点を合わせるという考え方は、介入への歯止めと考える時、論理的ではある。しかし歯止めは、国際法で確固とした客観的な根拠を持つべきであろう。予防行動は既に、多くの国々に受け入れられており、長期的で、文化的に適切な人権を目的とし、そしてできるだけ民衆の側からといった形で、主権への例外として行なわれるべきものである。保護する責任は今後、解決策を作るために、受け身の保護という概念を超えて、紛争で被害にあった人々の権利に焦点を合わせるよう動くようになるならば、より重要なものとなるかもしれない。

保護する責任は現在、国連の人権、人道機関の仕事を目立たせているが、対象は狭く、表面的であるように見える。深刻な人権侵害や強制避難を事前に防ぐ保護活動として、国連が焦点を合わせ、適切な構造を作るという真剣な行動のようには見えない(17)。国連の組織部門、特に外交、安全保障理事会に関係すると狭く定義されている。また、その実施方法は、人権原則とは正反対に、非常に〝上から〟のアプローチである。この保護する責任の現実化にあたっては、市民社会側が、もっと中心になる必要があるであろう。

繰り返しになるが、保護する責任自体は論理的だが、予防に適用する時、その重要な意味が損なわれる怖れがある。これが最も明確に現われるのは、難民・強制移動民に適用された時である。構造的な不平等、経済的不正義、少数者への圧迫を考えないで、対象を〝狭く〟制限して焦点を合わせたら、大量殺戮、組織的な虐殺は防げない。

予防という外交的な考えは、早期警戒、予防外交、危機管理に関連している。この考えの下に、紛争予防は、その重要な要因として、良い統治、人権や少数民の権利、環境保護、安全保障や法律の改革に関連している。換言すれば、古典的な安全保障アプローチである。このアプローチの問題点は、経済的不平等や大量殺戮を直接防ぐことはできないことである。経済的不平等や低開発といった、紛争の根本原因に焦点を合わせる構造的な防止とは異なっているのである。

大量虐殺行為へのそうした介入は、事実の前に判断が下されるので、時には誤りになるかもしれない。できる限り正確に、その判断をすることが決定的に重要となる。介入が人道援助の中立性を損なう怖れがあるというのは、十分に根拠があり、このことが予防と対応の信頼性に影響を与えている[18]。

保護する責任は依然、国際法の周辺にあるが、ソフト・ローとして急速にその影響力を増している。保護する責任が、難民・強制移動民の保護と結びつくには、人権という原則が守られ、南からの声に耳を傾け、それを取り入れた概念作りが必要となっている。保護する責任は、捨て去るのではなく、概念的に健全で、難民・強制移動民の保護に有用な何かとなるよう、まだ作りかえの作業が必要だということである。難民・強制移動民の保護は、今ある保護する責任では、関心と重点が周辺に置かれ、除外されるおそれさえある。

予防戦略は、〝ソフトパワー〟によるところが大きい。紛争時の市民の保護の土台は、平和時の国際社会での実施者の信用であり、早期警戒の最良の形は、前もって人権擁護の中立の支援者、及び開発援助の供与者として、被災した地域社会の中で、正当な信頼を得ていることである。

最後に、道徳との関係はどうか。それはつまり難民・強制移動民の基本的人権か、あるいは国家主権[19]のいずれが優先されるべきかである。両者の軋轢ある義務の要求を、どう比較考量したらいいのか。公共政策に道徳を組み入れると、しばしば互いに矛盾する価値の間で選択を困難にする。道徳性の選択の問題は、外国人が私たちに助けを求める時、彼らに対する義務と自己利益の釣り合いをいかにとるかを決定しようとする時、特に複雑になる。

道徳の問題は、不正な政策と、政策実施における不当さを区別することである。正しくない判断は、残虐な結果に至るが、思考を深め、考えを改めたり、訓練すれば、目的はかなえられる。難民問題は、単に道徳性の問題に下げることはできないし、道徳的判断を全く考慮しない、国家主権の問題でもない。政策と実施措置のレベルでは、道理が一貫すべきで、人々が公平だと認める原則に基づくと見られるべきである。[20]

5　滞　留
――難民キャンプと治安――

一般には難民問題、特別には難民が滞留する状況は、人権と人道上の懸念に加えて、受け入れ国、原因国、地域の国々、地域機関、そして国際社会に政治的、及び安全保障上の数多くの懸念を生み出す。状況に関係する要因は、地域社会、国、域内国家、国際の各種の段階で、様々なものがあり、しばしば絡み合っている。巨大な数の難民人口が長期にわたり存在することは、国際紛争、主に地域紛争の源となる。隣国に不安定を引き起こし、介入のきっかけとなり、時には反乱、抵抗、テロ活動の源となるキャンプ内での武装勢力の基盤となる。アフリカの大湖地域、アフリカの角、西アフリカ、南部アフリカ、中東、南アジア、東南アジア、中米、南米で見られる。

難民キャンプの軍事化は、既に見たように、原因国、受け入れ国、そして国際社会に安全保障上の問題を引き起こす。武器・麻薬の密輸、女性・子供の人身売買、子供兵士の徴募、外人部隊兵士のような傭兵といった治安上の問題は、いくつかのキャンプや長期の滞留避難民を抱える都市部で発生する。

難民危機が長期化すると、そのような治安上の直接の問題だけではなく、間接的な安全保障上の問題を引き起こす。難民と地元住民の間が緊張し、地元民から、難民は優先的待遇、特に医療や教育のような社会サービスを受けていると思われる。社会サービスを地元の農村の人々が政府から受けることは困難であり、それが難民キャンプでは与えられている。

ドナー国（資金供出国、多くは先進国）の難民キャンプへの援助が次第に減少する時、乏しい資源をめぐる難民と受け入れ国の住民との間の競争は一層、治安の悪化への原因となる。同じく、キャンプ内で難民への援助を減らせば、それにより難民の一部に、盗賊、売春、こそ泥のような対応策をとらせることになり、地元の治安に新たな不安を作り出す。

何年も何十年さえも、国内僻地の忘れられたキャンプに収容されている、ネパールのブータン難民[21]や、タンザニアの国内キャンプにいる長期の滞留難民の場合には、難民が帰国できる時まで、受け入れ国に対し生産的であり、貢献できるよう、収入を得る機会を与え、自給を促すことが適切と思われる。

現在は、平均的な滞留年数が一七年に拡大する中で、彼らへの食糧配布と直接の社会サービスをすることだけでは、もはや実行可能な選択肢とは言えない。自立する能力を育てることは、例えば食料を得るために性を売る必要を減らし、保護を高めるだけではなく、人道的な援助なしに自分たちの必要物が入手できるようにすることである。経済機会の獲得は、難民に誇りを回復させるだけでなく、自分で選択への決断を下せるようにすることである。

長期の難民状況への処方箋を言えば、問題解決の上でカギとなる役割を果たすのは、先進国の国民や政策立案者であり、彼らの問題に影響を与える要因を理解することである。

6 帰還

冷戦の終結で、本国への帰還は一層、難民問題への唯一の効果的な解決策として認識されるようになった。各国政府はいたるところで、難民の入国を制限するようになり、できるだけ早期に難民を本国に帰すようUNHCRに圧力をかけ始めた。帰還を勧める理由は、資金の問題である。難民をなくすことは彼らを亡命状況におくよりも、はるかに安価である。UNHCRは、〝大国の利益の代弁者〟[22]と見られるようになってきた。

しかしUNHCRの帰還は、強力なドナー国の影響によるものだけではなく、同機関内の新しい考え方にもあった。[23]すなわち、一九九〇年代初めの新しい国際政治環境に対応するため、UNHCRは帰還と再統合が国際安全保障で果たす役割を強調することにした。

UNHCRに対してよく行なわれる批判は、主要な解決策として同機関が強調する帰還についてである。一九八〇年代後半以前には、世界の難民の多くは共産圏諸国から出ていたので、UNHCRを支える有力な西側ドナーは、帰還には強く反対していた。また帰還の動きが出た時、UNHCR関与の時機を決める手掛かりとなるのは、一般に難民自身の動きであった。こうした難民主導の自発帰還計画では、どんな条件で、いつ戻るのかは、おおかた難民自身が決定していた。

帰還は、自発性を旨とされてきたが、一九九四〜九五年にバングラデシュから、ビルマへのムスリム少数者集団ロヒンギャ族（Rohingyas）に対する、UNHCRの強制帰還で自発性は完全に消え失せた。ビルマでは、再三の人権侵害と強制労働がビルマ軍からロヒンギャ族に課され、一九七八年と一九九一〜九二年、ロヒンギャ族はバングラデシュに大量に逃亡した。バングラデシュは初め、ロヒンギャ族を歓迎したが、両流出後二〜三ヵ月のうちに、同政府はビルマ政府と政治的な合意を結び、同難民を大量に帰国させた。UNHCRは、ロヒンギャ族をビルマに帰すのを援助した。UNHCRは、ビルマ国内のラカイン州で援助を与え、監視活動をすることで、帰還を改善することに努めた。

バングラデシュとUNHCRの双方は、帰還に自発性がないことや、難民の帰国後の安全を確かにする仕組みが欠けているために、この計画の実施によって批難されてきた。バングラデシュの役人はまた、難民を脅し、物理的に人権を侵害し、難民に早期の帰国を迫るために、食料配布を停止した。大半のロヒンギャ族は、戻るほか選択肢がなくなった。この事実にもかかわらず、UNHCRは、帰還は自発的だと主張した(24)。

UNHCRは、〝safe return〟という用語を作り出した。UNHCRからすれば、大半の難民にとって全く未来がない難民キャンプに留まるよりも、同機関の計画に従って、できるだけ早期に帰国した方がはるかに難民の利益になるということであった。この考えのもとでは、本国の状況は十分に改善される必要はなく、単に〝安全な〟帰還だということである。UNHCRの委任事項は、難民の逃亡に対し、永久の解決策を求めているが、今は「永続性のある解決策」(durable solution)となっている。

帰還は、難民自身の自発的な決定でなければならないという伝統的な立場から、安全への脅威がもはや存在しないという場所への帰還ということになった。難民帰還で状況が十分に安全かどうかの判断は今や、UNHCRが行なうことになった。帰還は、UNHCRの新しいグローバル戦略の中心となり、帰還は自発的であるべしという、原則的な状況が緩められるようになった。

さらに、難民の安全は必ずしも、国家の安全保障や、より広範な平和構築や紛争解決という目標に勝るものではないという考えが勢いを得てきた(25)。かくして帰還は、一九九〇年代初めに、予防的保護や自国民への原因国の責任を促すUNHCRの主張の一部と見られるようになった。しかし、もし原因国のみが難民流出に責任があるのなら、そのほかの国々には非人道的な状況を逃亡する人々を再定住させる義務は全くないことになる。他国はせいぜい、〝一時的保護〟(temporary protection)を提供する義務を持つだけになってしまう。そうなれば帰還は、世界的な難民問題の唯一の解決策として、容易に置き換えられ、人権は損なわれることになってしまう。UNHCRは一九九〇年代、帰還にほぼ完全に焦点を合わせたため、実際上、解決への他の可能な選択肢があっても無視され、難民には不利に働いた。UNHCRは、難民が長期滞留する難民キャンプの中で、難民の福祉に長期的には害となる緊急援助的なやり方を続けた。現地統合、教育、所得創出、難民参加の促進といった伝統的な他の解決策は一九九〇年代、長期滞在の難民への可能な選択肢からは消え失せた。代わりに、帰還は難民問題への唯一の人道的な解決になると信じられた。

帰還の文化は、一九八〇年代初期から形ができあがってきたが、二〇〇〇年初めには戦火で荒廃、分裂した国々への強制的な帰還を含むまでになった。UNHCRは今や、根本原因に取り組むために国内で介入するようになっている。それはまた、UNHCRの従来の委任事項からは遠く隔たることでもある[26]。

UNHCRは二〇〇九年には、イラク国内の状況が安全ではなく帰還は勧めないとしていたが、二〇〇九〜二〇一〇年の同機関の政策では、帰還という動きへの変わり目になることを目指し、多くの人々が帰ることを期待した。しかし、ベルギーの「国際危機グループ」(International Crisis Group, ICG) は二〇〇八年の報告書で、イラクの治安状況は不確かで、公共サービスは不適切、家の多くは破壊されたり、他人が占拠しており、近所や村は異なる派の民兵が支配していると言い、情勢はまだまだ不透明である。

第2章　ＵＮＨＣＲと国際政治

国際関係の文献の多くは、難民について、静的で固定的な見方をとり、それが国際関係での支配的な理論的枠組みとなっている。人道援助（難民援助）で、特定の見方を作り出し、持続させるＵＮＨＣＲの役割についての研究は少ない。法律家は、難民を流浪・亡命と捉え（exilic approach）、それに応じた原則、基準を長いあいだ考えてきた。難民の研究では、法律学のアプローチが支配的であったが、それは伝統的にＵＮＨＣＲの機能を管理する規則を描写することだけに終わっていたと言われる。ＵＮＨＣＲと関わる法学者の領域は一般に、法的地位、法の構造、法機能を規定する法規に限られ、権力やその影響力といったものは、政治学者に委ねられていた[1]。

国際関係論では、ＵＮＨＣＲは単に国家が行動する場の仕組みであり、独立した主体ではなく、国家が命じることを行なう組織であるとする。この見方にはかなりの支持があり、ＵＮＨＣＲは資金を完全にドナー（資金供出国）に依存し、活動を始めるには難民受け入れ国の許可がいるとされる。この見方に従えば、ＵＮＨＣＲはドナー国や受け入れ国の政策に異議を唱える立場には全くなく、単に国家の道具として振る舞うのみである。ＵＮ

HCRは、グローバルな難民秩序、特に北の国々の見方を支える論や概念を無批判に受け入れていると批判される。しかしもちろん、UNHCRが自分の考えを持っていないということではない。これは、あまりに単純な見方であろう。

UNHCRの役割は、提携・連合する多くの国々の利益の守護者であり、加入国の個々の利益を代弁するわけではない。またUNHCRは、委任事項に縛られながら、国際法にある中心的な保護原則に関与し、その歴史に誇りを持っていると言える。UNHCRは、国家からの制約を受けるが、独立して自分の課題を持たない受け身の組織だというのは、過去六〇有余年の経験からは出てこない[2]。

しかし強力な反対連合がないとはいうものの、UNHCRの生命線を握る、強力な加入国（例えば、アメリカ）と対決して、自己の主張を押し通すというのは期待できない。国際機関は、国際行動についての規範や期待が集中、発展させられる闘争の場である。単純化して言えば、国際機関の考え方というものは、特に強力な国がその組織の財政上のカギを握っていれば、その国によって決められるか、大きく影響されるということである。支配的な国々の意向は、優勢なイデオロギーとして述べられ、その時代の常識となる傾向があることである。

一九六〇年以後の難民流出では、それ以前の流出とは根本的に異なる、新しい特徴がいくつかみられた[3]。すなわち、①人数が、過去に比べ巨大、②欧州難民は第三世界からの難民に比べ、個人の政治的迫害という要件を満たす、③運輸・通信手段の急速な進歩、④欧州からの難民に比べ、非西洋からの庇護申請者の多くは、政治難民というより経済移民の偽った動き、⑤第三世界の難民は国内紛争で流出し、国際紛争が原因ではなく、そのため、植民地から独立した国に唯一責任がある、⑥難民条約から出発した一九六九年OAU条約は、第三世界の難民状況は、〝北〟の先進国での状況とは異なる、という明らかな認識があった。

ここで注意しておきたいのは、欧州難民と第三世界の難民は〝違う〟という点に関してである。違うという考えの背景にあるのは、第三世界の難民流出の根本原因は、欧州難民の避難・逃亡の原因とは明らかに違うということにある。言い換えれば、欧州での難民流出と、第三世界のそれは違う、ということが強調され、正当化されてきた点である。違うという考えを主導した、難民法と法律家に対して向けられた批判は、彼らはあくまで法規優先で、背景となる歴史的、政治的な文脈への考慮が希薄であるということであった。

〝違い〟という神話は、ごく初期から難民研究の論説の一部であった。(4) 一九五一年難民条約が起草された時、第三世界には難民が存在していたが、懸念の対象とはされなかった。しかし冷戦期、この対象は一転して、難民はイデオロギー的、政治的に価値を持つことが要求され、戦略的な見方の中に組み込まれていった。難民が流出する原因の話は一九八〇年代、国連総会特別政治委員会で論議されたが、しかし一九九〇年代まで、ほとんど注意を引かなかった。第三世界では、原因国が米ソ超大国の一方から保護を要求できるなら、逃亡の原因に働きかけることはほとんど不可能だった。

しかし冷戦が終わると、結果として、難民への関心が失われ、〝新しいアプローチ〟が生み出された。UNHCRは〝違い〟の神話の上に、〝新しいアプローチ〟をとり、先進国の〝難民封じ込め〟戦略に加担しているという声が聞かれる。UNHCRは、先進国による自由で寛大な庇護政策を要求する代わりに、新しいアプローチでは、国際難民法の「亡命（という見方への）偏り」(exilic bias) は排するとしたが、自発帰還という解決策にほぼ唯一依存し、原因国の責任を強調し、先進国の入国制限策を正当化する役割を果たしている。

〝新しいアプローチ〟は、〝更なる新しいアプローチ〟に置き換えられる必要がある。それは新しいアプローチの擁護者ではなく、団結と国際主義の原則に基づくものでなければならない。(5) 急速に形を変えたUNHCRだが、これらの変化のいくつかは、難民保護の視点から言えば、全面的に満足のいくものではないし、常に肯定的なものでもない。

進化を遂げてきたＵＮＨＣＲの姿を明らかにするため、時系列に沿って主な動きを次に眺めてみたい。

1　ＵＮＨＣＲの創設と冷戦構造

ＵＮＨＣＲが一九五一年一二月に創設された時、欧州では冷戦が激しくなり、新たに難民が東から西へと流出し、難民は主要な関心事項だった。ただし各国には、ＵＮＨＣＲを長期に存在させるという考えはなく、期間限定という条件の下で創設されている。ＵＮＨＣＲは国家主権の脅威にならず、また西側国家に新たな財政的な義務を生じさせないことを念頭において、西側政府の手で作られた。国家はＵＮＨＣＲに、難民に法的保護を与える権限を与えたが、この機能を果たすための資金は与えなかった。一九五〇年代初め、職員数は九九人、数は専門職員と事務職員に等しく分かれ、約一〇〇万人の難民を担当し、そのうち約一三万人がキャンプに滞在していた(6)。

ＵＮＨＣＲの欧州中心志向は、時の国際政治情勢を反映していたが、同時にアメリカ及び他の主要な西側政府の外交政策上の優先度をも反映していた。欧州の戦後復興と再建というアメリカの考えは、急速に進む冷戦とともに、自身の難民政策とＵＮＨＣＲへの見方に決定的な影響を与えた。ＵＮＨＣＲは、創設当初から強力な北の国々の連合から決定的な影響を受けていたのである。

最も重要なことは、各国はＵＮＨＣＲが実施機関になることを望まなかったことである。冷戦の極みで、難民政策は西側諸国、特にアメリカには余りに重要すぎて、国連が管轄するのを認めることができなかった。アメリカは、難民問題を国家安全保障と、同じ政策枠組みの中で捉え、公式に難民を「共産主義から逃亡した人」のみと定義さえした(7)。

アメリカは、UNHCRの活動範囲と独立性を厳しく制限し、代わりに自身が主導する別個の難民援助組織を作った。国際移住機関（IOM）である。それには寛大に資金を与え、その委任事項は、直接にUNHCRのそれと重なった。アメリカの財政的、外交的支援なしには、どんな国際組織も活動は困難であった。

アメリカにとって、難民政策での最重要事項は、共産圏からの難民に向けられる国際的な注目を維持することであり、東側からの人々の出国を奨励し、他方で難民への援助資金を最小限におさえることであった。難民は冷戦のイデオロギー競争の中で、重要なシンボルになった。難民は冷戦の道具となり、東西の間で、情報とスパイ活動の拠り所となった。

東欧からの難民にアメリカが寛大なのは、部分的には共産主義と廃絶し歴史を戻したいという願い、少なくとも東欧市民の逃亡を促すことで、共産主義を封じ込めることに動機があった。国境を越えて西側に来た人々は、〝脱走者〟(escapees)、〝嫌な政治体制の場所を去り、自分の意思を示した〟(voted with their feet) として、歓迎された。彼ら逃亡者は西側に政治やイデオロギーの点で効果をあげた。そのため、共産政権は出国には厳しい障害を課すことになった。

初代難民高等弁務官ゲリット・ヴァン・ハーベン・グートハート (Gerrit van Heuven Goedhart, 1951-1956, オランダ) は、自力で資金を集められるようにすること、及び物質援助の責任を引き受けることで、UNHCRの事業範囲を拡大した。フォード財団からの補助金で、UNHCRは初めて、西欧の庇護国に滞在する難民の国民としての統合推進のために援助を与えることになった。この資金はまた、ＵＮＨＣＲに一九五三年初めの西ベルリンの難民危機の対応にあたり、主導的な役割を果たさせた。それによりＵＮＨＣＲは、主要国に対し存在価値を示し、国際的な評価を高めることができた。

初期の活動が成功したことで、ＵＮＨＣＲが物質援助を行なう必要性が主要国から認められ、問題の永久的解決と緊急援助の体制へと道を開くことになった。次に述べるハンガリー危機では、当初はアメリカが反対したが、国際緊急援助を行なう主導機関として指名されることになった。

冷戦による最初の主要な難民危機である、一九五六年のハンガリー危機では、ＵＮＨＣＲは西と東の間で調停役割を演じ、約一〇％のハンガリー難民を帰国させた。ＵＮＨＣＲは、社会主義諸国の孤立を破って、彼らとの連絡をつけることに成功した。この事業は非常に物議をかもし、初めは西側諸国に反対された。しかしＵＮＨＣＲの活動は、世界政治の中心での出来事に、同機関が重要な外交的役割を果たせることを示した点で大きな意味があった。

ハンガリー危機で主導性を示したＵＮＨＣＲは、資金集めの権限が全くない非実施機関から、保護だけではなくますます、物質援助を重視した長期計画を組織することになる。ＵＮＨＣＲは、相対的な自立性と独立性を示し、国家だけが国際関係の唯一の重要な主体ではなくなっていった。

一九五〇年代、ＵＮＨＣＲは途上国へ活動を拡大する最初の一歩を踏み出している。この新しいアプローチは、〝斡旋〟（good offices）という解決法である。それは、国連総会がＵＮＨＣＲに資金を集める権限を与えたり、通常の委任事項外での活動の権限を与えることであった。最初の事例は、一九五〇年代半ばに発生した香港の中国難民の資金集めで行なわれた。

ＵＮＨＣＲの途上国への活動で、より重要なのは、アルジェリア難民危機への対応である。一九五七年五月、チュニジアは二年半の間に、国境を越えて逃亡したアルジェリア難民八万五〇〇〇人に対し、ＵＮＨＣＲからの物質援助を要請した。これはＵＮＨＣＲが第三世界で緊急援助を要請された最初の機会となった。

アルジェリア難民に援助を行なうというのはフランスの反対で政治的に難しく、途上世界での将来的な役割についてＵＮＨＣＲ内で激しい論議を巻き起こした。援助の決定は容易ではなく、ＵＮＨＣＲはフランス政府の強い反対に打ち勝たねばならなかった。フランスは、ＵＮＨＣＲの権限を否定し、援助を与えないようにした。フランスの主張は、アルジェリアはフランスの不可分な一部であり、解決策とはチュニジア、モロッコに避難した人々のアルジェリアへの帰国のみであった。フランスが怖れたのは、ＵＮＨＣＲの介入で危機が国際化し、主要な西側国家がフランスに反対することであった。

第二代難民高等弁務官オーグスト・Ｒ・リンツ（Auguste Lindt, 1956-1960, スイス）は、外交努力を重ねた。彼は、チュニジアからの要請を受ければ、ＵＮＨＣＲがいつ、どこで緊急事態が発生しても対応可能な指導的な唯一の国際機関としての地位を固められると感じた。背景には、一九五六年のハンガリー難民危機で得られた国際支援と好意への意識があった。チュニジアからの要請を断われば、数を増しつつある途上国がＵＮＨＣＲから離れ、ソ連圏が当時ＵＮＨＣＲに示していた、好意的な態度が弱まるおそれがあった。

ハンガリー危機では、逃亡してきた人々は〝一見したところ〟では、ＵＮＨＣＲの難民という委任事項に入り、かつ庇護民を一人ひとり難民かどうかを審査するのは大量出国の際には難しいという考えの下に立っていた。これが先例としてであり、アルジェリアの事例を無視することは難しかった。リンツが危惧したのは、もしＵＮＨＣＲがアルジェリア人を無視したら、差別的な扱いだと批難され、欧州難民だけのための機関だと思われることであった。機関としての事柄を定めた「UNHCR規定」に定義されているのは、機関としての活動範囲は世界的規模であり、単に共産圏からの難民のみを対象とするのではなく、広く責任を負っているとされていた。彼は、新しい難民状況への対応では柔軟でなければならないと考えた。

アルジェリア危機でとったUNHCRの行動は、地理的範囲と機能の点で、転回点となった。以後、この経験が足がかりとなり、組織は世界的規模で活動する成長の時期に向かうことになる。この動きは、一九六〇年代に途上世界に活動を拡げる土台となった。

一九五〇年代、六〇年代と、国連総会がUNHCRに新しい難民危機に関与するよう求めたので、UNHCRの仕事は拡大した。

2　第三世界での事業拡大
――一九六〇年代〜八〇年代――

一九六〇年代、七〇年代、冷戦は欧州を越えて第三世界へと拡大した。暴力的な植民地解放の戦いのほかに、アフリカでの独立後の内乱と戦火は、大量の難民を生み出し、欧州外で起こる紛争は戦略的な重要性を高めた。アメリカとソ連は、経済援助、政治的支援、武器の供与を通じて、同盟国の獲得を競い合った。アメリカは、途上国での難民問題を不安定の源と見ており、その不安定さの根源は、ソ連が第三世界での覇権を拡大することによるとした。

冷戦の拡大で、西側政府は、新しい独立国への外交政策の中心に、難民への援助をおくようになった。影響力行使のための、主要な手段の一つとして、外国援助を使うようになった。この時期、西側各国政府には、軍事援助、開発援助と難民救済援助の間の区別はほとんどなかった。[8] 重要なのは、UNHCRはドナーに依存する組織であり、共産圏諸国は加入しておらず、西側政府で占められていたので、ドナーが望まないやり方で多国間の難民援助が使われる危険性はほとんどなかったということである。かくして、西側政府は途上国世界へのUNHCRの活動拡大を支援するために、政治的、財政的に支援した。難民問題での国際行動は今や、第三世界の潜在的な不安定さの源に対処する方法と見られた。同時に、新しく独立を遂げたアジア、アフリカの国々は、国連の斡旋機能を受け入れた。

一九七〇年代初め、UNHCRはまだ相対的に小さな組織で、職員数約三五〇人、総支出は年間一〇〇〇万ドルに満たなかった。[9] UNHCRは、一九七一年のバングラデシュ危機で中心的な役割を引き受け、以後、主要な人道危機であるスーダン南部、キプロスで国連の活動を調整した。技術レベルや物質の量は、一機関の委任事項を超えていたが、国際人道援助の調整で国連の主要機関として働いた。その過程でUNHCRは、数多くの知恵と経験を蓄積し、アジア、アフリカ、ラテンアメリカで大きな政治変化がある中で、不可欠な存在になっていった。一九七〇～八〇年、UNHCRが世話する難民・庇護民は二〇〇万人から、一〇〇〇万人に増大した。

第三代弁務官フェリックス・シュニーデル（Felix Schnyder, 1960-1965, スイス）と、第四代弁務官サドルディン・アガ・カーン（Sadruddin Aga Khan, 1965-1977, イラン）は二人とも、政治的に感覚が鋭敏で、主要な国際的な政治変化である、植民地解放、アジア、アフリカでの新興独立国の出現、そして途上国での難民の大量流出という事態に先んじていた。二人は、欧州で使われてきた伝統的な概念や法的定義は、途上国には当てはまらないことを認識し、他方でUNHCRの活動を一層、世界的に広げようとした。対象を欧州難民から、途上世界の難民への援助に焦点を合わせ、国連総会の斡旋決議に頼って活動を行ない、新しい難民危機に対処し、新しい仕事を引き受けようとした。シュニーデルは、難民条約の地理的範囲と時間枠を外す、一九六七年難民議定書につながる歩みを始めている。

一九六〇年代、UNHCRはアフリカへ活動を拡大し、アガ・カーンの下で、一九七〇年代急速に真に世界的な組織へと発展していった。難民危機は益々、複雑さを増し、アジア、アフリカ、ラテンアメリカという三つの大陸で、大量の難民が同時に発生した。東パキスタン、ウガンダ、インドシナから大量に難民が流出した。チリやアルゼンチンでは、高度に政治的な難民危機が起こり、スーダン南部では難民・国内避難民が帰還し、再統合が行なわれた。

アガ・カーンは拡張論者で、UNHCRを最も重要な国際人道機関にすることを決意し、その目的を達成している。彼の下で、難民法と斡旋機能は拡大され、UNHCRは難民への国際援助と人災の犠牲者への援助の調整者となり、国内避難民への援助の道を開いている[10]。

アガ・カーンの後継の第五代弁務官ポール・ハートリング（Poul Hartling, 1978–1985, デンマーク）は、公平中立な人道的援助の方法を維持するために苦心した。実質上、全資金は西側政府から出ており、西側政府は地政学的関心から、反共産の難民戦士を抱え込むUNHCRが運営する難民キャンプを支援していた。

一九七〇年代後半と八〇年代、冷戦は激化し、紛争の構造はさらに変化した。二つの大国間の競争は世界各地域で起こり、国内紛争はグローバル化し、極度に暴力的になった。米ソの代理戦争は、インドシナ、アフガニスタン、中央アメリカ、アフリカの角、南部アフリカで長引いた。難民の幾分かは他地域、他の大陸に定住したが、大半の人々は隣国に留まった。その場所で彼らは、労役をし、徴兵され、反政府ゲリラ活動に政治的合法性を与えることで、紛争に活発に参加を続けた。これらの〝難民戦士〟社会は、外部勢力の介入政策と域内諸国の権力争いの中で、重要な手先や代理として働いた。

援助面でもUNHCRは、一九八〇年代以降、一時的な対応という伝統的なやり方から大きく変化を遂げた。これは民間援助団体でも同様であった。それまで多くの組織は、主に自分たちをボランティア組織と見ていた。事業は気まぐれで、専門スタッフを多数抱えることができなかった。各組織は、緊急に生じた必要性に応じ、雇用、訓練で計画を伸縮させることが多く、経験あるスタッフを維持するのは大きな課題であった。

多くの点で、一九七九～八〇年は、難民への緊急援助で分かれ目となった。UNHCRや他の人道援助組織、ドナーや庇護国は、上記の東南アジア、アフガニスタン、アフリカ、中央アメリカ、カリブ海諸国からの難民の大量流出に対応せねばならなかった。流出を引き起こした紛争の多くは長引き、難民を長期の滞留状況においた。

原因国では、ほとんどの場合、紛争のため、避難した人々が帰国できず、また原因国は帰国を許可しなかった。加えて、第二の冷戦と呼ばれたこの時期は、米ソの政治関係が凍りついていたために、国際社会は難民問題に対し包括的な政治解決を与えられず、難民の長期化するキャンプ滞在に代わる選択肢を与えられなかった。その一方で、第三世界の難民の数は膨らみ、庇護を求めて難民は、西側諸国の戸口へ押し寄せた。以前と異なり、〝ジェット時代の難民〟はもはや原因地域に限定されず、直接西側国家へ旅行してきた。

一九七八年、UNHCRが委任された難民はわずかに約二五〇万人であったが、五年後にはその数は約四倍になった。一九八〇年代末には、一四〇〇万人となった。職員数も、予算規模も増大した。(11) 一九八〇年代、継続して起こった新しく困難な難民危機のため、UNHCR内には全てのレベルで専門的な訓練が必要になった。(12) UNHCRは一層、難民への実際の援助に関わるようになって、難民認定の手続きと基準を書いたハンドブック（一九七九年）と、緊急援助の取り扱いのハンドブック（一九八二年）を出し、難民危機への対応を定めた。

一九八〇年代半ば、第六代弁務官ジャン－ピエール・オッケ（Jean-Pierre Hocke, 1986-1989, スイス）は、先進国との庇護問題の行き詰まりを打開し、現代の難民問題に合うよう組織を作り変えようとした[13]。彼は新しい戦略を打ち出し、UNHCRが従来行なってきた庇護国との関わりだけでなく、原因国と向き合い難民出国の根本原因に対処しようとした。特に彼は、〝帰還〟を、難民が慈善的な援助でキャンプに長期間滞在することに対する、唯一の現実的な解決策と見た。難民危機とUNHCRの役割の分析で、彼は一九九〇年代の冷戦後の時期に実行される政策と実施措置を予測しており、オッケの考え方は時代よりも、まだ先んじていた。一九八〇年代の大半、未だ冷戦政治のため、途上国での地域紛争の袋小路を打開する外交的な主導権は麻痺していた。大半の難民は、一九八〇年代の長期にわたりキャンプに留められた。

冷戦期の大半、庇護申請者と難民は、一般に西側先進国に歓迎された。彼らの数は相対的に限られ、一見して難民であることは明らかであった。難民は、二大強国の覇権争いとその代理戦争の産物であり、将棋の駒として扱われた。しかし、彼らへの比較的温かい歓迎も、一九八〇年代初期から後退し始める。このことには特に、イランでのイスラム革命、一〇年にわたるイラン・イラク戦争、トルコ東部での内乱、スリランカでの分離運動のような出来事の結果、西側諸国に庇護申請者の到着数が増えたことが影響している。

3　ポスト冷戦期

一九九〇年代は、人道問題が国際政治の中で、歴史的に先例のない役割を果たした。イラクのクルド地区、ボスニア、ルワンダ、民主コンゴやコソボのように高度に政治的な中で救援事業が行なわれた。援助と保護の活動が劇的に分離を余儀なくされ、これまでの伝統的な人道救援の形態の中で、保護を与えることができなくなった。西アフリカでは、シエラレオネ難民とリベリア難民がギニアで攻撃され、リベリア難民はコートジボワールとシエラレオネでの戦火で脅威にさらされた。難民は安全を求めて自国を離れたが、庇護された国も同じく危険だった。

従来のような庇護審査を通らず、〝一時保護〟(temporary protection) を与えられた旧ユーゴスラビアからの大量の人々で、難民への保護は、著しく歪められた。問題の解決には、実のある保護がなければならないが、一時保護は、それにつながる権利が全くない地位である。一時保護の考えは、もし長期的な解決に結びつけられないなら、言葉の上で矛盾することになってしまうのである[14]。

UNHCRや他の人道組織は、極度に困難な状況の中で、大量の人道物資を配布することでは成果をあげたが、人権侵害、追放、民族浄化から市民を守るという点では、成果が限られた。これらの事業で、国際社会は一般に、事態に受け身に反応するのみで、暴力、人権侵害、人道的緊急状況の間の直接のつながりに取り組むことには失敗した[15]。現場で、物理的に保護の問題を扱うには、外交技術と治安維持のための警備技術も必要である。現場で働くスタッフは、しばしば危険にさらされ、自身の身を守ることも重要な事柄になった。

難民移動は、世界及び地域の安全保障の論議で、政治的な重要度を新たに増すことになった。安全保障理事会やNATOのような政治・軍事の場で、論議の主題となった。難民は、国際政治、安全保障危機の中で脅威と見られ、国連憲章第七条の下で行動する基礎を与えると見られた。イラク北部、ソマリア、旧ユーゴスラビア、ハイチの事例では、国際的に介入することが難民流入で認められた。バルカン危機では、緒方難民高等弁務官は旧ユーゴスラビアに関する国際会議の人道問題作業グループを統括し、国際平和の交渉者、政治指導者や武装勢力の指導者と定期的に会合した。

介入する態度が変化したため、国際難民制度には根本的な変化が生じた。冷戦中、国境を越えて国内で保護と援助をすることは、主権侵害となり、国連機関にはタブーであった。しかし冷戦後は、UNHCRはその根源近く、あるいは根源で難民創出状況と取り組むことになった。難民問題に対しては予防行動に一層焦点を合わせ、紛争中の国家の中でさえ活動を行ない、国境を越える大量流出の可能性を減らそうとした。

UNHCRはまた、国連の政治的・軍事的行為者を含む、包括的で統合された国連PKOに参加を要請された。それに応えて、UNHCRは難民以外に、帰還民、国内避難民(16)、戦火被災民、大量追放の犠牲者、庇護を拒否された人のような、援助を必要とする広範な人々へ事業を拡大していった。戦火被災民は、生活地から強制的に追い立てられてはいないが、人道援助と保護が必要な人である。彼らは、一九九〇年代のボスニア紛争の中で、UNHCRが援助した人の相当な部分を占めた。

一九八〇年代、九〇年代は、難民研究が急速に発展した時期である。一九八〇年代は第三世界からの難民到着が、西洋に増加した時期にあたり、一九九〇年代は冷戦終結と時期的に一致する。一九八三～一九九〇年、西欧に庇護を求めて到着する人々の数は、七万人から二〇万人へと増加した。これらの新着民は冷戦期の入国者とは異なり、今日の〝文化衝突〟の前兆であった。第二次世界大戦後、西側の国々の難民政策は、第三世界の難民無視から、冷戦期には難民を将棋の駒として利用し、そして現在の「難民封じ込め」に動いてきている。

一九六〇年代、七〇年代の大半の時期、現在のような先進国での庇護の問題はほとんどなかった。UNHCRの保護部局は、難民法や庇護法といった特殊な専門領域での比類ない知見と技術を持ち、各国の庇護政策に影響を与えてきた。冷戦期のＵＮＨＣＲが持つ見方は、国際社会で人権の考えが定まらない中で、組織として非政治的性格を強調して、正当化された。ＵＮＨＣＲの持つ知見は、アメリカという著名な例外を除いて、多くの先進国の難民認定手続きで活発な役割を演じ、政府の決定にかなりの影響力を持ってきた。ＵＮＨＣＲの自立性は高まりを見せ、西欧の大半の政府は、一般に庇護民には寛大な態度を示すようになってきている。

4　新しい課題

ＵＮＨＣＲと難民条約で管理され、高度に専門化した国際難民制度は、現代の強制移動に対応するために、委任事項、法的枠組み、組織のあり方といった、複雑な様々な状況の中に身をおいている。国連はますます、平和維持だけでなく、市民を保護し、人権侵害を監視し、人道援助で必要物を配布し、統合、開発、民主主義への移行を進めるといった、永続する解決のための包括的なアプローチを求められるようになった。他の国連機関と共同で働くクラスター・アプローチ（cluster approach）が導入されたことで、ＵＮＨＣＲは武力紛争と自然災害の双方で発生する国内避難の状況に体系だって関与するようになった。

今日、強制移動は、状況が変化し、人道援助や保護制度には、多様な行為者が参加するようになった。以前は責任の大半がＵＮＨＣＲで、必要に応じてＷＦＰのような国連の姉妹機関やＩＣＲＣ、ＩＯＭといった外部機関から資源を動員していた。ＵＮＨＣＲはまた、現場で難民にサービスを与えるＮＧＯと連携していた。

新しい参加者は、軍人、人権、開発、政治・安全保障の分野の人々である。多数の国々の軍隊が無数の活動に関与し、物資の空輸、食糧・物資の陸路配布、難民キャンプの建設、安全地帯作りのための軍事介入、平和維持活動などに関わっている。コソボ危機でNATO軍がキャンプ建設で見せた迅速さと能力の高さは、軍は即座の対応が可能なだけでなく、技術的にも十分対応できるという感覚を深めた[17]。

人道機関と開発機関の接点は、復興、再建、帰国事業である。両者の間には、救援から開発への移行期を調整する困難さがあるほかに、両機関の委任事項の間に隙間が存在することから、紛争後の状況で直面する問題がある。一九九九年にUNHCRと世界銀行の間で開かれた円卓会議では、結論として、紛争後の社会のニーズに対し、人為的に引かれた線、すなわち〈緊急・人道〉と〈長期開発〉と区分けしては、戦火で疲弊した社会が抱える、不安定さや複雑さ、流動性には対応できないとした。

難民援助と開発の関係については、人道事業としてUNHCRが開発資金の手当てをすることにドナー政府のためらいがあり、人道と開発活動の間を区分する意識が長いこと存在して、状況をさらに複雑にした。そのためドナーは、二国間か、自国のNGOを使うようイヤーマーク（あらかじめ使途を制限）した援助を行ない、UNHCRを脇におしやることになった[18]。

過去に比べ、今日参加が目立つのが人権組織である。国際的には、「国連人権高等弁務官事務所」（the Office of the High Commissioner for Human Rights, OHCHR）が、「国内避難民についての事務総長代表」（the Representative of the Secretary General on Internally Displaced Persons）の事業を助け、保護のために現場にスタッフを出し始めた。例えば安全保障理事会は、OHCHRにグルジアのアブハジア（Abkhazia）にいる二八万人の避難民の帰国の助けとなる状況を作り出す任務を託している。

ところでUNHCRは、難民保護の中心だが、保護の役割が弱まっていると批判されている。ここで問題となるのは、UNHCRが実施機関として活動を拡大したことで、そのことが難民に国際保護を与えるという本来の委任事項にどんな影響を及ぼしたかである。批判の論点は、ＵＮＨＣＲが、より一般的な人道緊急機関に変形したことで、本来の任務である保護の能力や考えが妥協させられ、より大きな国際政治やその流れのなすがままになっていないか、という点である。

ＵＮＨＣＲの近年の経験に対して言われたことは、「人道活動」は武力紛争や政治的暴力の状況下では限られた役割しか果たせないということである。人道活動は、脆弱な人々に基本的な必要物を与え、ニーズに合わせることはできる。状況によっては、人道機関は緊急事態の程度を和らげ、国際的な証人として、人権侵害の規模や程度を抑制することさえできる。しかし人道活動は、戦争を終わらせることはできない。

ＵＮＨＣＲは事業を行なうために、より多くの国や団体から自発的な資金を獲得し、一層不安定さを増す紛争国の国内状況に道をつけ、競争・競合する他の国際援助機関の信頼を得、妥協案を促す必要があるので、難民の保護原則を完全に押し通すという立場にはないことが多い。任務である難民保護を十分に果たそうとすれば、資金や紛争状況への関わり、活動する能力が脅かされる。

これらの問題について、外部の研究者の間では、ＵＮＨＣＲが適切な組織か、修正すべきか、その場合どのように修正するかをめぐって、沢山の論議があった一方、ＵＮＨＣＲ内では十分な論議はなかった(19)。ＵＮＨＣＲは、組織の行動面や政策面での失敗や否定的な結果について公開した論議を行なおうとしないと言われている。ＵＮＨＣＲは自身の刊行物である、*Refugee* や *The State of the World's Refugees* を通じて、ＵＮＨＣＲを難民機関から、広範な人道機関に変える正当性を主張してきている。

しかし組織としてのあり方を明確に説明する必要から二〇〇七年一二月、第一〇代難民高等弁務官アントニオ・グテーレス（Antonio Guterres, 2005-, ポルトガル）は、ジュネーヴで二日間にわたる「保護の課題についての対話」（Dialogue on Protection Challenges）の会議を招集している。この会議は、いろいろな意味で通常とは違う点が存在していた[20]。すなわち、①単に国家の代表からなるＵＮＨＣＲ執行委員会とは違い、対話は、政府、国連機関、ＮＧＯ、市民社会の代表者、個々の専門家といった、広範囲の関係者に開かれており、参加者はそれぞれ対等の立場にあった。②ＵＮＨＣＲ執行委員会はＵＮＨＣＲに加入している国々全てが参加して開かれ、あらかじめ準備された、長くて公式的な声明を読み上げる場であった。しかし対話では、はるかに相互討論の形がとられた。

ＵＮＨＣＲ側の会議開催の意図とは、同機関の事業拡大に伴う新路線の弁明をして、これまでの伝統と新たな分野との釣り合いをとることを関係者に説明し、受け入れてもらうことであった。対話の中で、得られた合意は、以下のようなものである[21]。①現在、難民の保護は現実と合わず、保護の必要な人というＵＮＨＣＲの概念はもはや、難民に限定されず、国家の関係当局が〝不規則〟とする移民にも当てはまる。こうした人々は国際難民保護制度の枠組み外にあるが、人道援助ないし、異なる形の保護が必要である。②国家の主権尊重を明確に保持する一方で、人の国際移動の問題に、権利に基づくアプローチを支援する。③難民の資格基準に合致するか否かにかかわらず、特に海からの移住の問題[22]に注意を払う。

ＵＮＨＣＲは、対話の中で、難民保護と国際移動の問題は交錯するので、国際移住の特定の場面で関わる義務があるとする。ただし、ＵＮＨＣＲは移住機関ではなく、管理という機能は考えておらず、それは国家や他の国際組織、例えばＩＯＭの仕事だ[23]、としている。

この対話には、従来言われてきた「〈庇護－移住〉の結びつき」（asylum-migration nexus）という概念から離れ、調子を変えたいという狙いがあった。〈庇護－移住〉という概念は、部分的には入国管理など、狭い一群の問題と関連し、その多くが庇護民の到着であり、先進国へ〝不規則に〟入国する人々に関連している。問題は、一層政治化され、先進国からは抵抗が生まれていた。

ＵＮＨＣＲは二〇〇七年、二〇〇八年頃からこの概念を考え直す必要に迫られていた。その結果現在では、この概念から離れ、ちょっと長めで、より平凡な「国際移住という状況の中での難民保護と永続性のある解決」（refugee protection and durable solutions in the context of international migration）といった概念に置き換えている。

何が用語の変更をさせたか。国際移動が幾分、〝移住と開発〟、〝移住と安全保障〟、そして近年は〝気候変動と移住〟のように、移住が他の分野と一層関連するようになって、事態が騒々しくなってきたことはあるが、それとは別に、ＵＮＨＣＲ独自の事情があったことが考えられる。[24] その理由をあげると、以下の三点になる。

第一は、現代のような規模の大きな移住の流れがあり、世界の難民の圧倒的多数は途上国にいる中で、この〈庇護－移住〉という概念をとると、われわれの時代の最も重要な移住の問題は、低所得国から先進国への人々の移動に関わるという誤った前提を強めてしまう。この概念は、南から北への移動の問題とあまりに深くつながりすぎている。

第二に、概念は、限られた政策課題、例えばよく知られる不規則移動の人々（不法入国者）、国境管理、難民申請の乱用、庇護が拒否された人の帰国問題などを言い表わす言葉になっている。言葉は、先進国の課題を表わす傾向があり、その課題はＵＮＨＣＲの保護という委任事項とぶつかる。

第三は、英語の〝asylum〟（庇護）、〝asylum seeker〟（庇護申請者）は、政策立案者、国民、メディアにとって、特に先進国社会で圧倒的に否定的な意味を持っている。むしろ、〝refugee protection〟（難民保護）や〝durable solutions〟（永続性のある解決）の概念の方が、より肯定的な響きを持ち、ＵＮＨＣＲの委任事項に直接つながりを持っている。

対話では、UNHCRのより広いアプローチの価値が認められたように見える。人間の移動が、規模、範囲、複雑さを増し、新しい移動の形が現われている。国際難民法では対処できない、避難や強制的移動の形が現われている。難民や庇護民に関連する法律や政策がない国や地域で、難民の保護を強めるために、移住、労働、人権の枠組みの使い方が考えられねばならない。

UNHCRの歴史には、成功も失敗もあるが、一般に忘れ去られるか無視されてきた、と言われる。批判に直面した時、UNHCRはしばしば、自分たちの行動を正当化し、難民や戦火被災民が存在する極度に複雑で困難な状況の中で、食糧や物資を配布する人道的な実施機関だと主張することで、批難を避けようとしてきた[25]。自身を、批判と通常の説明責任とは無縁なところにおいている。結果的に、組織を改善することはUNHCRにとって容易な仕事ではなくなっている。

UNHCRが使う安全保障概念については、近年の難民政策のグローバルな変更を正当化する先進国の学者からの無批判な借用がある[26]、という。UNHCR自身も、より体系的な政策分析をすることと、組織外の考え方を利用する必要性を感じている[27]。

UNHCRはまた、自身に強いアイデンティティがなく、国際制度の中で演じる役割にも混乱がある[28]、と言われる。時として、他の国連機関とのつながりなしに、ほとんどICRCのように独立した行為者のように行動する。しかし通常は、UNHCRは国連制度内の主導的な難民機関であり、国連の平和維持軍や他の軍事組織と一緒に働くので、ICRCのように中立の人道行為者として働くことはできない。ところがUNHCRは時として、まだ中立性と不介入の原則に固執している。国連組織とは別の何かでありたいという思いが、概念的な混乱を招き、機関間の調整を難しくしている。

問題は、焦点を新たに設定し直すことで、その役割を中心的な委任事項である保護を担当する機関が、国際的な人道機関の指導的立場で、数多くある人道組織を指揮し、難民と国内避難民、帰還民、戦火被災民との間で、概念上も実施上も十分に区分けできていないのではないか、と疑念を持つ行為者を指揮できるようになるかどうかである。さらに、新しいグローバルな環境の中で働くＵＮＨＣＲや他の難民・人権機関の「予知・予測」と、大量の人権侵害と難民流出に対応するこれらの機関の「制度的能力」の間には、深刻な隔たりがある。

ＵＮＨＣＲには独立した資金源はなく、委任事項と力量が限られるため、難民危機への対応は限りあるものとなっている。もしＵＮＨＣＲが卓越した人道援助機関として発展を続けるようなら、コソボ系アルバニア人が一九九九年に、隣国のアルバニア、マケドニアに難民となって大量流入して引き起こした緊急状況のような場合にも対応できる能力を開発する必要があろう。高度に政治的な環境の中で、主導的な国連の人道機関として、難民危機を管理できるようになる必要がある。

政策担当者も研究者も、現代の難民状況の様相とＵＮＨＣＲが果たす役割は全く新しく、過去六〇有余年の歴史の中にはなかったと考える傾向がある。これは正しくなく、ＵＮＨＣＲが今日直面する矛盾や課題のいくつかは、歴史的には新しいが、多くは時を超えた問題であり、既に存在したものである。しかし、より近い難民危機に目を奪われて、過去の政治危機や難民危機への対応策を分析する体系的な研究がなされてこなかったことが、こうした傾向が生まれた原因としてあげられる(29)。

ＵＮＨＣＲにはこれまでも長きにわたり、事業評価を行なう部署はあったが、計画の評価を政策分析につなげる努力をするようになったのは近年のことである。過去には多くの場合、組織内外の専門家の手でなされた評価は、ＵＮＨＣＲ内で埋もれ、新鮮味のない要旨が発表のために作られ、より詳細で、しばしば批判的な評価は隠されてきた。(30) 同様に、ＮＧＯや政府もまた、自分たちの評価能力を大きく改善する必要がある。ドナーは、人道援助での自らの役割を見つめ直し、援助や保護に影響を持つ、資金のイヤーマーク化を再検討したり、透明性を一段と高める努力をする必要がある。

基準と資格は明確でなければならず、論理は、行政的に実行可能なものであるだけでなく、道徳的に正当なものでなければならない。寛大な資格と定義が、貧弱な基準と結びつけば、乱用される怖れがある。登録のデータベースの改良を図り、使用法の改善・工夫に努めれば、人数の正確さが増し、離散した家族の居場所を見つけ出し、難民人口の正確な姿を示すことができる。

強制移動は複雑さを増し、防止、対応、解決で、非常に多くの専門的な知識と訓練が必要となっている。紛争後の社会への帰還についての知識や訓練は、国や地方当局、現場で働くその土地のＮＧＯにも乏しい。彼らは状況に対応しつつ学ぶことになる。

訓練プログラムが、欧州、アメリカ、カナダ、アフリカ、アジアの国々の大学で作られてきている。難民一般、援助の与え方、法的保護と法研究、より広い人道問題、災害管理などと、焦点の合わせ方が大学ごとにそれぞれ異なるが、訓練自体は、大規模な流入に直面する国家当局と現場で働くＮＧＯにとって特に緊急性が高い。水準の維持には、専門能力を管理する基準、評価と改善のプロセスが大事だが、今大学にある訓練計画を利用する方が、新しく他の機関が訓練能力を高めるよりも費用的に安く、効率的であろう。

第3章　先進国に庇護を求める人々

先進国に出された庇護申請書（難民認定申請書）の総数は一九九二年に頂点で八〇万八九〇〇件。そのうち、欧州は七〇万件余り(1)。一九九〇年代は、イラク、ソマリア、ルワンダとともに、旧ユーゴスラビアやコソボの人道危機がテレビで放映された。何百万もの人が家を追われ、移民の移動と相まって、先進国は管理不能な外国人の流入に直面した。とりわけEUでは、グローバル化の力学と共通の入国政策がないことで、状況はさらに複雑になった。EUは、今世紀初めから、新規に加入国が増加し、大きな変化を遂げてきた。庇護への規制措置が実施され、受け入れ国はしばしば原因国に対してだけでなく、難民負担を分担しない国にも憤りを覚えた。例えばドイツは、ボスニア人、クロアチア人、ルーマニア人の入国許可に気乗り薄のEUの他の加盟国にいらだった。

一九九六年末には先進国での申請数は下降したが、途上国は、難民を抱え続け、例えばイラン（二〇二万人）やヨルダン（一三六万人）、ギニア（六五万人）が負担を背負い込んだ。二〇〇七年五月、UNHCRバンコク事務所は、タイ政府の命令で、新規の入国者への難民認定のインタビューを中止させられた。これは域内諸国であるカンボジア、マレーシアのように難民を追い返している国々にも悪い影響が懸念された(2)。

二〇〇七年までには、先進国で庇護を求めるイラク人の数は、他の中国、ロシア連邦からくる庇護申請者(以下、庇護民ともいう)の数を上回った。オランダは長いこと、難民に寛大な政策で知られてきたが、庇護と入国問題をめぐり、かなりの緊張が生じてきている(3)。カナダは何年にもわたり、庇護民に真に意義のある保護を進めてきた。一九八〇年代にはアメリカに比べ、中央アメリカのニカラグア、グアテマラ、エルサルバドルを逃げた庇護民を受け入れた。そのカナダが今、庇護民への関与を弱め、難民保護の自らの歴史を傷つけている。カナダ国境は連邦保守党の下、厳しい取り締まりがある。政府は難民認定プロセスに根本的な変更を行ない、庇護民の入国を難しくするだけでなく、入国しても滞在が困難になる措置を導入している。オーストラリアでは一九九〇年代半ばから、入国管理は選挙の一番の焦点となってきた。移住と庇護問題は、同国の政策のカギとなる要因である。

各国の庇護政策が抑制的になっているので、庇護民は法的に、単独で自由に西欧に正規に入国することは、一層困難になった。いわゆる〝自発的な庇護民〟(spontaneous asylum seekers)が一九九〇年代初めから、庇護政策の主要な抑止目標の一つとなった。規制が強化され、その結果、不規則移動が優勢となり、人の密輸、人身売買産業が繁栄した。密輸ブローカーは難民・移民を活発に勧誘しており、原因国には相当の市場ニーズがある。上手く入国させられなかった密輸ブローカーは、顧客から回避される(4)。入国の際、政治的理由がない人々は、西欧の目的国で拒否されるが、帰国させられるまでには数年かかる。その間に、入国した人々は密輸ブローカーに借金を返し、金を稼ぐことができる。

各国政府や政治家にとって、「庇護」は通常の公共政策のやり方では解決できない、〝悪夢〟になってきた。その背景となる状況は[5]と言うと、次の四点があげられる。

①資金のかなりの支出にもかかわらず、先進国は一般に難民申請の処理で、効果的で迅速な手続きを定めるのが非常に難しい。結果的に、未処理の案件の増加、認定の遅れ、申請が拒否された人の国外追放の失敗、不規則移民への定期的な恩赦が生じている。申請者は連絡をとりあって、情報を集め、申請の状況を把握する。政府にとっては課題だが、入国を求める人々にとっては、より危険が少なく、好ましく見える。

②先進国で庇護は突出した問題であり、財政的にかなりの負担となっている。厳密さでは幾分怪しいが、先進国は庇護関連の活動で、毎年約一〇〇億ドルを費やすという。この数字は、UNHCRが世界中の難民に費やす約八億ドルを大きく上回っている。

③先進国が懸念するのは、庇護民がますます、厳しい入管制度から逃れるようになり、国境を合法的に開放することが困難になってきたことである。商業的（多くの場合、犯罪的）な移住産業が起こり、人間の密輸、偽のID書類、入国審査官の買収が起こっている。国家の懸念は、この産業が他の不法な国境越えの活動とつながり、女性・子供の性的取引、薬物、武器の密輸、そしておそらくテロと結びついていることである。

④国家の対応が成功せず、庇護問題は各国の政治、社会を蝕んできた。政府は真の指導力をもって公共政策を実施するというのではなく、多くの国の政府や野党は、選挙の争点で、庇護民を〝生贄の羊〟として使い、庇護の本旨にそぐわない競争をしているように見える。イギリスでは、庇護と入国問題が過去数年間、政治課題の最上位にあった。EU内の、特にイギリスでは、メディアが庇護民や移民に容赦なく、否定的なイメージを与えている。[6]そのため、難民と認定されても、彼らは周縁化され、仕事を見つけることや、受け入れ国への貢献を難しくしている。難民は他人に依存し、社会福祉に頼るというイメージが作り出されている。

一九八〇年代末以降、一九六〇年代、七〇年代に存在した難民への政治的、経済的な支援は次第にかげをひそめた。一九八〇年代、九〇年代に、武力紛争と地域での暴力という新しい形が出てきて、難民移動の規模と速さが著しく増した。数の増減はあるものの、多くの欧州諸国では、庇護申請者が一年に入国する国際移民の二五％以上を占めている。新世代の難民は、受け入れ国とその社会の同情を必ずしも得られなくなっている。

先進国では流入に伴い、難民認定制度が政治論議の中心になった。残念なことに、簡単な審査基準で、申請者の動機についての判断、証拠の問題、そして原因国での状況について一般的に判断をしたのでは、誰が追い返されれば危険で、誰がそうでないかは明らかにならない。〝新しい庇護民〟が一九八〇年代に登場し入国を始めたことで、難民研究が活性化し始めた。多くの研究は、庇護民と移民の他の形態を区別せず、庇護民や難民認定された人々が社会に与える影響よりも、庇護政策の法的変化を調べた。庇護は、他の移民形態とは違うのに、それ自身評価に値する影響力を持つのか、庇護民の社会への潜在的な影響とは何かなどは、相対的にあまり問われなかった。

南の国からは、北の有力国に対し、根強い批判と疑いが発せられる。いわく、北は途上国に、南は庇護民に対し寛大に振る舞うべきだと言いながら、同時に北は、庇護を求める人々に非常な制限をしているというわけである。この矛盾したやり方のために、途上国での難民への国際保護では、北の影響力は低下してきている。先進国と同様に、途上国でも、難民・庇護民、不法移民の国家への悪影響を言うことで、政府も野党も、愛国的で外国人嫌いの主張をして、国民の支持を得ようとする傾向が出ている。例えば、国民の大半が貧困線以下で暮らす、コートジボワール、ギニア、パキスタン、南アフリカなどである。

ＥＵの数多くの内務官庁における半ば〝先入観〟ともいえる見方は、次のようなものである。〝真の難民〟は第三世界にいて、先進国に直接到着する庇護民は、難民としてふさわしくなく、入国を待つ行列を飛び越える違反者である(7)。この見方は、オーストラリアをはじめ他の先進国にも見られるが、もちろん真実ではなく、この見方に従った政策が実施されれば、難民を途上国に封じ込め、滞留難民状況を作り出すことになる。それは難民の移動の自由という権利と、庇護権という世界人権宣言や難民条約の原則を侵害することになる。

冷戦が終わり、難民はもはや北の国々で歓迎されなくなった時、従来とは発生場所が異なり、形、性質が異なる難民流出に対しても、北の国々は、第二次世界大戦後にできた国際難民制度に由来する、歴史的、政治的、文化的文脈を重ね合わせていた。〝通常の難民〟とは、白人、男性、反共主義者であり、そのイメージが強固に作られていた。難民と認定する方法は、それまで対象となる人がどのような種類のものであれ、中身を吟味する必要はなかった。

他方、〝新しい〟難民（庇護民）は、途上国出身で、庇護する理由がなく、歓待を乱用し、数は余りにも多い、という明確な言説が北の社会ではメッセージとして国民に送られた。難民はここでは全く良くない人々であった。それは単に、外国人嫌いの確認となった。ビザ取得の要求は各国で冷戦終結前に既に実施されていたが、両者を分ける〝違い〟の神話の存在で、入国抑止制度は正当化された。

先進国の庇護制度は、いくつかの点で機能的に麻痺していることが広く認識されている。難民問題は、より合理的で、予測可能で、組織化されたやり方で対応されるべきだと考えられている。しかし、これはどのくらい現実的だろうか。難民移動は本来、強い感情、意図、望みを持った個人や集団が含まれ、混沌として無秩序で、予想がつかない。移動を規制しようというのは、本質的に管理不能なことを管理しようとしているのではないか、という疑いが消えない。不規則移動は、移動したいと思う人々が、安全で合法的なやり方で、そのようにすることを望む時にのみ、抑えることができる。法的に可能な代替策を示しつつ、効果的な国境管理とつり合いをとる必要がある。

1　移住抑制策と移住管理

欧州地域では、一九九二年ロンドンでEU移民大臣会議が開かれ、庇護権を守るというよりも、管理の意図から、制約的ないくつかの入国・庇護措置が決定された。これらの措置は、EU加盟国及び他の先進国で広く導入され、航空機への罰則、海上での阻止、海外の主要空港への入国管理官の派遣などが含まれた。また一九九二年には、マーストリヒト条約下で、EU域内の庇護を調整すべく、一五ヵ国で共通の庇護策を作るプロセスが始められている。一九九七年九月に発効したダブリン条約（the Dublin Convention）は、欧州のどの国が、難民申請の審査に責任を持ち決定するかという仕組みを取り決め、欧州内での移動を制限し、最初の入国国に戻す再入国合意（Readmission Agreements）と結びつけられている。そうして厳しい国境管理が実施され、目的国への難民の入国を制限している。

先進国は近年、難民の多くが受け入れ国で行なう経済的、文化的貢献を無視する傾向がある。代わりに、難民の地位を要求する人々の入国を制約しようとする措置を数多く導入してきた。イギリスは、法的、行政的措置を連続してとり、それらは全て庇護民の申請数を減らすためであった。ドイツは、アメリカほど不法外国人の問題はないが、全ての市民と外国人に対し、新しい住所に住む時、登録することを求めている。居住者は全員、職を探す時、IDカードを持参する。同じような制度は、北欧諸国の多くにも見られる。そのため、これらの国々では、アメリカと比べ比較的、不法居住者はいない。アメリカでは、国が発行するＩＤカードは、市民の自由を侵害するとして、政治的に受け入れられていない[8]。

西欧諸国は過去二〇年余り、難民への公式的な定住枠を減らすか、完全に定住計画を終了させ、庇護民の数を減らすことを目標にして、種々の政策を導入してきた。上記のビザ要求、航空機への罰則、定住計画の終了に加え、難民の定義の厳格な適用、行政的な勾留、経済的・社会的権利の縮小、入国後の審査期間中の福祉支援からの排除、庇護に代えて負担が少ない地位の供与、送り返す相手国との再入国合意、〝安全な第三国〟制度、領域外審査を手段としてとってきた。

これらの措置は庇護申請数を減らし、事態を安定化させ、いくらか成功しているように見える。しかし一方で、庇護民と他の移民に、新しい目的地や新しいルートを見つけさせ、密輸ブローカーの利用へと追いやっている。これに対し、欧州各国は対策として、以下の三つの方法をとっている。①事情を知りながら故意に移民を運んだトラック運転手を含め、密輸ブローカーの厳格な処罰、②中・東欧、特にバルカン半島の国々での国境管理を厳しくし、通過国で密入国する移民を阻止する、③密入国者や人身売買の犠牲者の送還、である。

しかしいずれの方法も、限られた研究の結果ではあるが、少なくとも長期的効果については疑問符がつけられている[9]。こうした中で、ＵＮＨＣＲは難民が庇護国に接触し、庇護手続きを利用し、国際保護が得られるよう、「難民保護と混合移住についての一〇の行動計画」(10 Point Plan of Action on Refugee Protection and Mixed Migration)を作り、難民だけでなく、全ての状況に対応した包括的な方法をとっている[10]。

繰り返せば、西側先進国の主要な対応策は、入国して難民の地位を要求しようとする人々の入国を制約し、妨害することにあった。同時に、それに代わる様々な選択肢が提案され、試されてきた[11]のも事実である。すなわち、

①開発援助、債務削減、人権擁護と良い統治を促進し、原因国の移住圧力を減らす、②労働移住の正規のルートを開き、それにより、先進国の老齢化の問題にも応える、③低、中所得国に住む、潜在的移民の非現実的な期待に対し、〝移住情報キャンペーン〟(migration information campaigns)を行なう、④原因国の外国公館で移住申請する人にリスクを負わせることになるが、〝人道ビザ〟計画を導入する、という方策である。

これらの提案は長所がある反面、限界や意図せぬ結果を生む、と一般には考えられている。経験上では、原因国で経済開発を進めれば、人々は自国を離れるための資金や必要な情報を入手しやすくなるので、初めは人々の出国の割合を低めるよりも、逆に高めてしまう。人道ビザ計画は、不法、不規則、単独行動といったやり方で、入国の道をさぐってきた人々の必要性に応えられるかもしれないが、迫害の脅威がある個人や家族が、この目的で外国大使館への接触を真に期待できるかという問題がある。出向けば、自政府には注意人物と逆に認識されるおそれがある。さらに、世界の庇護民の多くについては、真にそうした措置で、どれだけの人々が利益を得ることができるのか、不明である。

庇護民の入国という、ある意味で自然な流れと闘い続けるよりも、先進国はますます、「移住管理」(migration management)という点から考えるようになってきている。それにより、難民を含む人々の移動は、政府や他の国際的な行為者の間で調整された方法で行なわれている。このやり方には、幾分妥当性があると見られている。

2 疑われた難民条約の適切さと有効性

上述のように、極めて多くの数の庇護民が、入国を求めて国境に到着したが、政治家や受け入れ国の国民からの好意ある反応は得られなかった。実際上では、先進国での全ての庇護申請の三分の一弱が、難民と認定されるか、他の理由で申請国に留まる許可を与えられているだけである[12]。この数字の裏には、庇護手続きが国際保護の必要のない大量の経済移民によって、乱用されていることがある。

〝新しい庇護民〟が先進国、特に西欧に到着したことは、国際難民法の「亡命偏重」（exile bias）への疑問を生じさせ、再考を迫った。欧州では一九九九年のタンペレ宣言にもかかわらず、人々の大量移動で国民の不安と不快さが高まり、メディアの論調にたきつけられて、いくつかの政府が公に、難民条約の有効性と適切さに疑問を投げかけた。

一九九八年欧州では、オーストリア政府の戦略的提言が明らかになり、衝撃が走った。それによれば、庇護民や移民を締め出すために、欧州の周りに防御柵を設置する呼びかけであった。同時にオーストリアは、難民条約の修正ないし代替を要求した。これはイギリスにも波及し、時の首相と内相は、難民条約を〝過去の遺物〟とし、現代の難民流入を扱うには不適切だとした[13]。

ＵＮＨＣＲは、その風潮を建設的な方向に向ける必要があった。そこでＵＮＨＣＲは、二〇〇〇年に「グローバル協議」（the Global Consultations、ジュネーヴ）を組織し、難民条約の再確認、ジェンダーに基づく迫害、非政府主体による迫害のような論争中の問題への対処、さらに大量流出状況、一時保護、国内避難等、難民条約が言及していない論争中の問題を検討することにした。『保護への課題』（*An Agenda for Protection*）が作られ、各国政府とＵＮＨＣＲが協同する六つの分野が立てられた。これらの分野には、条約がカバーしていない、難民女性と子供、恒久的解決達成への見込み、大量流出状況での保護問題と難民登録などが含まれた。

同協議には、政府、専門家、ＮＧＯが参加し、二〇〇二年に終了した。一九九〇年代後半に難民条約への圧力がかかったのを考えると、このグローバル協議の焦点となったのは、二〇〇一年一二月に条約加入国が参加した最初の会議である。会議には一五〇ヵ国が出席し、難民条約は不朽の規範であることを再確認し、条約実施をより効果的に監視する手段を見出すこととした。『保護への課題』の主要な目標の一つは、より大きな移住の動きの中で、難民を保護することであった。

しかし、タンペレでの高尚な言語表現と、庇護実施の現場との間に実際に存在する裂け目を埋めるべく、二〇〇一年一二月のグローバル協議の合意事項を実施することは、二〇〇一年の9・11のアメリカでの同時多発テロの発生で容易ではなかった。世界的に、安全保障への懸念が高まり、各国政府は態度を硬化させた。各国は、ある国から来る人々全部が、もしくは世界の紛争国出身の人全てが、難民であり、安全保障の懸念の対象者であると見るようになった。

UNHCRは、迫害や武力紛争で国を離れた人（難民）と、それと関連しない理由で国を離れた人の区別の根本的な違いを主張し続ける一方で、ますます広範な移住論説に関与させられることになった。論説の中心的な概念の一つは、既に述べた〝〈庇護‐移住〉の結びつき〟である。この概念は、UNHCRの二〇〇二年の画期的な文書『保護への課題』を特徴づけ、二〇〇七年に用語の変更で使用が廃止されるまで、その後の同機関の公式文書に繰り返し現われている。

私たちは難民を、他の移民から明瞭に区別される特定の法的地位を持つか、持ちたいという人と考えるかもしれない。難民は特別の範疇の人々として扱われるべきと考えるかもしれない。しかし、難民発生国から来る移民の全てが、難民というわけではない。例えば、ナイロビ、ヨハネスバーグ、ロンドンに住む多くのソマリア人は、仕事か家族再会でそれらの国々に来ているのかもしれない。庇護される資格があっても、難民と同一視されるのを望まないかもしれない。あるいは、意識的に官吏との接触を避けるかもしれない。難民という範疇は、あくまで全体の一部として取り扱われるべきである。

寛大な民主主義国家では、移住を厳しく管理する政策をとることには非常な制約がある。進歩的なイデオロギーが、政府に、合法、非合法の庇護民に資格を与えるようにし、それが政府に恣意的な国外追放をさせないようにしている。そしてまた、難民法律家、市民活動家、民族集団などの圧力団体の影響もある。さらに、西欧や北アメリカの多くの人々は、ビザ期間を越えた超過滞在や不法入国を犯罪とみなさず、むしろ誰にも金銭的な迷惑をかけず（victimless crime）、自分の地位を改善する試みであり、理解できる行為だ、としている。[14]

政府にとっては、難民申請中、庇護民に家賃の補助など財政援助をするにしろ、勾留するにしろ、費用はかかるが、労働許可を与えれば費用は削減され、税収もある。しかし、庇護申請が拒否された場合には、それまで働いてきた庇護民を移動・追放するのは、より難しくなり、結果として、労働許可は庇護制度を乱用する誘因になるかもしれない。ある意味で、庇護民に便宜（法的扶助、家賃の免除、医療、食料、雇用、教育）を与えれば与えるほど、より多くの人が庇護を求めるようになる。しかし、庇護民が庇護申請を認められたら、申請段階での労働経験は受け入れた社会に利益となり、その個人の長期的な経済統合を可能とする。

現在の庇護への対応策に関しては、多くの研究者が成功は難しいと考えている。移住の根本原因を見誤り、そのための主導性が損なわれているからである。もしも国家が入国者を管理できないとするなら、代わりにそうした入国の結果に、いかに良く対処できるかの問題に考えの重点を移すべきかもしれない。現実に即して政策変更を行ない、むしろ合法的な移住の枠を拡大し、静かに非合法の人々に対処すべきかもしれない。

ただし正規移住のルートを開放するという提案については、現時点ではそうしたやり方は、国境を越えた新しい社会ネットワークの確立を容易にすることで、非正規移住の程度を高めることになるかもしれない。ここで求められているのは、資格の拡大に合わせて、定義をより明瞭にし、それを受ける資格のある人を見つけ出す体制を整備することである。

欧州やアメリカでは、難民という言葉は、庇護申請者と定住した人々の双方を含んでいる。定住した人々は通常、難民定住計画の一部として受け入れられ、彼らの定住統合のためにかなりの資金が使われている。北欧諸国では、移民・難民集団（難民社会）の受け入れ国社会への統合が進まず、政府は苦慮している。彼ら難民や移民は、総じて若く、教育歴に乏しく、時にはかなり年齢の低い花嫁を自国から連れて来て、地元の人々とは通婚しない。その一方で、イスラムを捨てた若い女性への、親族による殺害なども起こっている。イスラムを捨てない人々の統合が問題化しているのである。

欧州では、移民統合の主要なモデルには弱点があることが明らかになっている。例えばフランスの同化モデルについて言えば、二〇〇五年一一月～一二月のフランスでの暴動で、同社会には、非同化の人、貧者、疎外された人がおり、移民社会を横断して、政策と現実の間に裂け目のあることが明確になった。フランスでは、刑務所収容者の推定六〇%がムスリムだ、(15) と言われている。欧州全体を通じ、おそらくムスリム下層社会の成長の兆しがある。

第4章　庇護政策の模索
――脅威 vs. 道徳――

〈入国〉と〈庇護〉は両方とも、非常に政治化されている。政府と一般国民はこの二つを結びつけ、次いで政策対応と庇護・難民の事柄に影響を与えている。入国と庇護の問題は複雑につながり、両者の間の区別はぼやけて、双方とも今や安全保障上の懸念と複雑にからみあっている。これらは互いに関連し、補完しあい、重複するが、ここでは分けて扱うことにする。両者が目立つようになったのは、難民という犠牲者への同情や彼らへの理解の深まりや、グローバル化の力学というより、民族主義者による外国人への否定的な反応によるところが大きい。

庇護に関わる問題は、人数の多さがもたらす累積的な影響である。国民と政府には、〝庇護疲れ〟が現われ、入国制限措置が制度化され、安全への先入観が生まれる。UNHCRは、資金不足からドナー依存がますます強まる。

庇護による影響は、庇護民の法的地位の決定後の扱いによっても異なる。アメリカ、カナダのような国では、難民申請者が高い割合で庇護を与えられる。他の国々では、申請の大半が拒否される。庇護を却下された人々の何人かは、補完的な保護という形が与えられる。庇護が国家にもたらす財政的、経済的、その他の影響は、難民への労働の地位、永住、市民権、公共援助の利用の可否、教育・訓練の利用、家族再会など、与えられる資格によって異なる。これらの政策の有効性と性格次第で、難民と認定された人、及びそれに準じた扱いの人々は、早急に自給できるようになるか、公共援助に長期間お世話になるかが決まる。

国家は、安全保障、経済的福利、政治的安定、文化的アイデンティティへの脅威とみなすものから自国を守ろうとする。庇護制度の乱用は、安全保障上の個々の脅威であるという点で、国家の安全保障に影響を与える。カナダは、アメリカとの間で、国境の安全保障に関する多くの協定を結んでいる。

庇護申請者は、集団であれ個人であれ、国家の外交政策や安全保障に影響を与える。庇護民の集団は、原因国に対する受け入れ国の外交政策を形作る上で、重要な役割を果たすかもしれない(1)。特に、庇護を与えられた人々は、受け入れ国に根づくやいなや、国の外交政策に強い影響力を持つようになるかもしれない。最も著名なのは、アメリカのキューバ人社会である。特に、マイアミ地区。彼ら難民は帰化すると、冷戦中、選挙に際し団結し、かなりの影響力を行使した。冷戦が終わり、キューバ人社会の自国キューバへの外交政策に対する見方が変化しても、同社会はアメリカの政策に依然、強い影響力をもっている。

庇護政策が不安に思われるのは、多くの場合、政策が一貫せず、しばしば恣意的で、政策立案者やそれを実施する官僚の行為の結果だと見られていることによる。例えば個人が、ある独裁国家から来れば、時と場合にもよるが、庇護を与えられる。しかしそれ以外の国からでは庇護が与えられない。アメリカでの事例のように、ある状況の個人は、もし彼らがキューバからやって来れば、自動的に難民とされる。しかしハイチから来れば、経済移民とされる(2)。領事は恣意的に、ある人には入国ビザを与え、他の人には出さない。ある人には庇護を与え、他の人には拒否する。それが現実に起きている。

安全な入国に不安があることは、強制移動の犠牲者にとって害となってきている。こうした状勢を懸念して、二〇〇六年四月UNHCRは、各国政府の安全保障上の思いが先行して、強制移動の犠牲者に対し、不寛容と無関心になっている、と批難している。[3]

国家とは幾分、入会許可を管理するクラブのようである。もし誰かを緊急に助ける必要があり、援助費用と危険の度合いが低ければ、われわれは傷ついた外国人を公正に基づき助けるのではなく、慈善に基づいて助けている。この場合、助けを与えるとは、われわれが所属する国が親切なもてなしを与えるようにすることではあっても、必ずしもわれわれが自国社会に彼ら外国人をメンバーとして、入国できるよう許可を要求することではない。公共政策の多くの問題がそうであるように、入国政策と庇護政策の間に軋轢が生じるのは、集団や社会制度上の利害を反映しているからである。背後にあるのは、公共的価値と、それと対立する道徳をどう考えるかという基本問題がある。

国際法でも政治理論でも精査されなかった事柄にもかかわらず、現状は入国と庇護に際し、国家の側に、自国民と他国民を非常に異なる基準で、取り扱えるようにしてきた。結果として、国家は、自国の国内基準を侵害するやり方で、他国民を取り扱ってきている。しかし、国家が自国民や他国民に異なる基準を使うことを正当化できる考え方はない[4]のもまた事実である。

1　厳しさを増す入国条件

北欧諸国は難民認定の申請者に、人道的な立場から難民に準じた補助的な地位を与えることが多く、条約難民の地位を与えることには極めて慎重である。このやり方は、人々に寛大な保護を与える一方、結果として国内的、国際的に、真の難民はおらず、保護を与えられる人々の大半は自由裁量の慈善の対象という印象を与えることになっている。このやり方は、EUとしての対応[5]を考える場合、つりあいを欠くだけでなく、他の国々が認定規準をそれぞれ厳しくする中で、寛大に難民認定を続ける国に、良いチャンスを求めて申請者が殺到することになり、その国の審査を厳しくさせることになりかねない。

厳格な措置は波及しており、その効果は、ますます相互に意思疎通し依存する世界の中で、EU内でも他の地域内でも、過小評価することはできない。中央アジアの国々は、EUの措置に注目し、それにならって申請者を送り返す、独自の「送還安全国リスト」を作ることを表明している。

主な国々での動きを眺めると、デンマークは二〇〇一年、同国内の難民・移民が国外で結婚し、花嫁をデンマークに連れてくるのを難しくし、金銭援助と結びつけた厳しい語学テストを課している。イタリア・ミラノでは、教育省がムスリムだけのクラスを設けるのは憲法違反だとして、クラスの設置を拒否している。当局はその意図を、いかなる差別も排し、文化の間の統合と対話の機会を増すことが大事だ、と説明している。ドイツでは、州により、ムスリムだけが女性の権利、家庭生活、宗教についてたずねられる市民権へのテストがある。イギリスでは二〇〇五年後半、難民が同国での生活になじみ、市民としてのアイデンティティが共有できるようにするため、新しい市民権のテストを導入した。オランダは、難民が市民となることを強く求め、言語能力を持つことを求めている。フランスでは、二〇〇五年秋の暴動以降、一層制限的な移民措置をとり、外国人が親族を呼び寄せることを難しくし、統合、特に第二世代の移民の統合を容易にするような方策をとっている。

北米では、アメリカとカナダが〝歓迎されざる〟移住を阻止するために協力している。両国は「安全な第三国協定」を二〇〇四年に施行した。その中で、両国は一方を、保護を求める難民申請者の安全な場所と定めている。それはカナダが自国に入国した人々を、まずアメリカで申請すべしということで、国境で潜在的に難民の可能性のある人をアメリカ側に追い返すものである。しかし批評家によれば、アメリカは必ずしも迫害を逃れた人々にとって安全な国ではなく、様々な制約のあるアメリカ法のために、同国で拒否された人が、後にカナダで受け入れられたこともあるという。

カナダでは、庇護への資格が政府により非常に限定されていて、カナダでの新しい生活を望む人々に危険な入国行為をとらせている。カナダはもちろん、正当な難民のみが保護を受ける資格があり、それを確保しながら国境を守り管理することに関心があるが、近年の庇護制度の改革では、難民認定のプロセスを早め、制度自体をあまり魅力のないものにすることで、申請数を減らそうとしている。

オーストラリアは二〇〇一年八月、国政選挙が近いこともあり、船で到着する庇護民に新政策を採用した。ここでの難民政策は、本来あるべき個人のケースの考慮という次元から、時の政権の利害の影響を受けた対応に代えられてしまった。新政策下で、オーストラリアは庇護民の自国領域への到着を認めず、太平洋の他の島嶼国へ送り、そこで難民申請を審査することにした。オーストラリアはナウルに庇護民を受け入れてもらう代わりに、一〇〇〇万ドル相当の援助を与えた[6]。ナウルは、UNHCRに庇護民の難民としての審査を要請し、UNHCRはナウルに送られた人たちだけという条件で合意した。UNHCRは、オーストラリアの行為は紛争地域に近い国々へ、否定的な意味・前例になると深い憂慮を示した。

先進国での庇護危機は、さらに世界的な難民問題の全体的な金銭コストを引き上げた。庇護危機は、西側政府とUNHCRとの間に非常な軋轢を生じさせた。そして新たに到着し、入国しようとする難民への庇護権を維持することが一層難しくなった。

2　領域外での審査
——オーストラリアの戦略とイギリスの提案——

大量の難民流入という事態があるかもしれないという予測に直面して、多くの政府は、難民は第一次庇護国に留まるべきだと考えるようになった。そうした考えの背景には、①第一次庇護国なら、経済社会状況が似ており、難民の適応が容易である、②先進国に定住するより、途上国に留まった方が難民の維持費用はより安価である、③庇護国での物質配布が不十分なら、原因国で状況が変化した時、自主的に帰国できる、というのがあった。

流入を抑制する目的で作られた庇護政策が効果を上げず、またそれに代わる有効な選択肢も見当たらない中で、国の中には、急進的な政策をとる所が出てきた。代表的なのは、オーストラリアとイギリスである。

オーストラリアは、〝庇護移住〟への新しい対処法を二〇〇一年に導入している。当時、オーストラリアにはインドネシアから、小型だが多数の難民船が沿岸に漂着。彼らはアフガニスタン、イラクからの人々であった。重要なのは、前項で幾らか述べたように、オーストラリアは再選挙の時期で、国民からの支持を得るため、選挙民に訴える論点を必要としていたということがある。二〇〇一年八月、ノルウェー船籍のタンパ号が沈没寸前のインドネシア・フェリーから救助した庇護民をオーストラリアに上陸させようとした。しかしオーストラリア当局は強い姿勢をとり、上陸を拒否。庇護民はナウルに送られ、ＩＯＭが管理する勾留センターに収容された。後に、難民申請はＵＮＨＣＲが担当した。オーストラリアとニュージーランドは何人かを受け入れ、何人かは拒否し、アフガニスタンに戻した。オーストラリアへ到着した人々はその後も、他の太平洋諸国か、場合によっては海に押し戻された。

オーストラリア政府は、難民問題への「領域外アプローチ」（extraterritorial approach）を正当化し、国際法の下では庇護民を上陸させたり、領域内で申請を審査する義務はないとした。同時に当局は、オーストラリアはかなりの数を受け入れる難民定住計画を持っており、安全で秩序ある、合法的なやり方で入国を可能にしているとした。この考えから、同国への定住許可の優先順位を第一次庇護国で待っている人を飛び越えてしまう人に与えるべきではない、と主張した。

EU内では、ベルギーがオーストラリアのやり方に関心を持った。またオランダ、デンマーク、イギリスはそれぞれ、難民への将来の対処法を提案し、欧州外か、その周辺の「審査センター」に庇護民の一定数を移すことを考えた。

二〇〇三年初め、領域外審査の問題は、イギリスから、より包括的で洗練された形で、改めて提案される。内閣府と内務省からの共同報告が、時の首相トニー・ブレアに出された。(7) 報告では、将来イギリスは、いくつかの例外、例えば子供、障害者、著名な政治的反対者を除いて、他の全ての庇護申請は自動的に領域内から排除し、領域内で庇護申請を審査すべきではない、というものであった。それによれば申請者は、欧州周辺の「地域審査センター」（候補地は、アルバニア、クロアチア）に送られ、そこで審査される。難民と認められた人は、新定住計画の下で、イギリスか他のEU諸国へ入国し、拒否された人は原因国へ戻される。

イギリスの提案では、その他の庇護民は原因国が所在する地域の「保護区域」（protection areas）へ移動する。そこでは、イギリス国内での庇護審査で節約された資金のいくらかが、難民への保護と援助のために使われるという。この急進的な提案が実行されるか否かについては、いくらか疑問があり、何人かの評論家が提案の実現性に疑問を投げかけてきている。(8) 疑問点の主なものは、①庇護民は素直に、地域センター、もしくは保護区域への移動を受け入れるのか、②アフリカの角地域のような所で、真に安全な場所が確保できるのか、③政府は、国内庇護目的の資金を海外の開発や人道援助の資金としてまわせるのか、④そうした資金が可能であっても、EU以外の国が、自国の領域内に地域審査センターや保護区域を作るのに合意するのか、⑤センターや区域ができても、西欧への入国の夢を断たれた大量の数の人々の中から、新しい顧客を求める密輸ブローカーを排除できるのか、がある。

現代は、庇護とその審査の問題を、先進国の国境を越えて外部に押し出す傾向があり、国外審査や「審査の下請け化」への傾向が高まっている。上記の問題が未解決なまま、オーストラリアの戦略もイギリスの提案も、論議は深まっていない。

3　庇護国と庇護民への影響
——行為の道徳性——

庇護が受け入れ国に与える影響は、庇護民の数が入国者数の大きな割合を占める国々では大きくなる。庇護民が入国に占める割合は、国ごとにかなりの違いがある。例えばアメリカでは、庇護民は全入国者数の小さな部分である。申請数は一九九七〜二〇〇一年、年平均六万件（推定で約八万七〇〇〇人）である。正規、非正規の移民が年に一〇〇万人以上増加する。庇護を求めての移住は、他の人道的な移住の中で小さな割合である。難民定住計画での入国、紛争や自然災害の犠牲者の一時的保護の地位での入国者の方が、はるかに大きな数字となる。これに対し、多くの欧州諸国では庇護民の割合は、全体の二五％強である(9)。

庇護の形態と、それによりもたらされる結果を調べると、庇護民の存在が受け入れ国に与える影響は、単に一つだけではないことがわかる。庇護民の人数、国の政策が、庇護による影響を決定する。庇護民の持つ社会経済的、人口学的な特性は、さらに受け入れ国に影響を与える。かくして、庇護による影響は、国ごとにかなり異なってくる。同じ国の国内でさえ、地域により異なっている。

影響は、年齢、婚姻の別、家族構成でも異なる。親に伴われない子供は、公的援助が必要となり、仕事を持つ労働年齢の庇護民より、費用がかかる。影響の強さは、庇護を求める人々の教育、技術の程度でも異なってくる。教育と技術は、雇用の形態に影響し収入に影響してくる。

政府の庇護政策は、庇護民に影響を与える。政府は難民申請を受けて、その申請を審査し決定を下す制度を選ばねばならない。庇護民という法的地位は、難民と認定された人の地位より、不安定で危険である。人道援助は乏しく、受け入れ国（庇護国）が難民に同情的でなければ、政策で労働権が否定される。

庇護で最も思い描かれる影響と言えば、庇護の是非を審査する制度（難民認定制度）を維持し、庇護民を勾留したり、もしくは世話するための納税者にかかる費用である。司法制度に何段階か訴える複雑な手続きを持っているのであれば、庇護制度を運用する経費は高くなる。決定が出るまで長期間、庇護民を勾留すればお金はかかる。逆に、政府が労働許可を与えれば、金銭負担は低くなり、彼らが働くことで税収も増える。勾留から釈放されても、庇護を拒否された人々を追放するのは困難で、社会には別の影響がある。政府が借家料を支給したり、決定が出るまでの間、庇護民を援助すれば、費用は勾留と同じくらい高くなる。金額は、審査や生活維持という二つの面での政府の政策で、大きく変わってくる。イギリスでは、援助を現金支給から「引き換え券」に代えて、金額を削減した。

政府は、これらの費用に不満を言うが、一般に実際どの位の金額がかかるのか、現実の数字が確定できない(10)。入国管理当局は代表的な行為者と見られるが、同じ政府内でも、内務、外務、開発、貿易、労働、保健の省庁は、特定の事情や施策で一定期間関与しており、必ずしも同じ利害や管理の意思で動くものではない。

アメリカには、庇護費用を算出した欧州のような調査はないが、欧州のものとはかなり異なる。アメリカの庇護民は、緊急の医療のほかは、連邦政府の公的援助への資格はない。またあまり事例としてはないことだが、政府の決定が出るのに六ヵ月はかからないので、労働許可は与えられない。その結果、欧州で与えられるような生活維持の費用は小さくなり、税負担は少ない。庇護民は不法に働き、欧州とはまた違った影響を社会に与え、入国管理の信用を損なっている。しかしアメリカでは、庇護民は不法労働者では小さな割合である。アメリカは、特に不正書類や書類がない場合には、他の先進国よりも庇護民を大量に勾留している。この抑止措置のために、勾留費用は大きく伸びている。さらに、釈放された人々への生活維持費は、家族、コミュニティ集団、地方当局に移管されている。

人数規模が小さく、入国が整然としており、国民の財政負担が少ないなら、受け入れは進む。庇護民が何か役に立つ社会資本を持つ場合には歓迎される。ノルウェーでは、タミール人の庇護民が勤勉に働き、社会への貢献で感謝されている(11)。庇護民が遠く見知らぬ土地から来れば、テロ、急進的イスラム主義、政治暴力が頭に浮かぶ。反難民感情は、比較的小さいが騒々しい市民集団から発せられることになる。国民の反応は、否定的になるかもしれない。地域社会の人々は、地元の政治や文化を外国人から守ろうとするかもしれない。問題は、地域自体が価値あるものと認識されるかどうかであり、地元民が、地域に所属しない人々の権利や義務を互いに意識して持つかどうかである。

政府の指導者は、世論の意向に応えねばならないという立場をとる。政治指導者はさらに、自分に反対する政治家が選挙民の支持を得るために、反移民感情を利用することを怖れている。つまるところ、政治家が国民の感情に深く注意を払わないと、極右政党が成長し、民主主義を脅かすことになる。この怖れは、特に権威主義の伝統のある国や民主主義が脆弱な国で危険性が高い。

問題に対処する上で、民主的政府は自国民の意見を十分考慮に入れねばならないが、一体どの程度、政府は世論に配慮し難民法に基づくべきであろうか。受け入れ国民が持つ外国人嫌いと差別に関してはもちろん、受け入れ国の政策と実施措置が大きな影響を与える。庇護民・難民の機会利用に重大な影響を与え、難民の脆弱性を強める[12]こともあり得る。緊張が発生しやすいのは、一般に庇護という問題よりも、庇護民と難民が、習慣・伝統が受け入れ国のそれとははなはだ異なる国から来た場合である。受け入れ国の住民からすれば、彼らは大家族で狭い家に住んでいる。家庭内暴力があり、未成年で結婚し、女性器の切除は受け入れ国では法の侵害となる。

ロンドン警視庁では、庇護民・難民を同じ民族の橋渡し役の特別警官として採用し、犯罪防止その他に役立てている。そうした政府の努力に加え、NGOや宗教団体は、庇護民に受け入れ国であるイギリスの法律や価値について教育し、一方で彼ら庇護民の状況・背景について国民に情報を与え活発に活動している。

難民に庇護を与えるという行為は、単純な人道主義だったものが、現代は、不確かさと危険という数多くの要因を含んだ複雑な行動を含むものになってきている。道徳的に明らかに正当とされる政策も、時には費用が高くつき、軽率な行為になることもある。民族自決を要求する迫害された民族少数者への支援は内戦に至り、大量の暴力になるかもしれない。迫害を止めたり、暴力紛争を停止させるため、他国への軍事介入を行ない兵士が殺害されれば、元々助けようとした人々に、より大きな害をもたらす、時期尚早の撤退になるかもしれない。その行為の道徳性は、意図ではなく、結果の可能性で判断されるべきである。意図自体は善でも、実施により悪い結果をもたらすことがあるので、道徳性は政策を選択する際の十分な条件ではなくなっている。

典型的には、政策の決定は費用と利益を考量し、効果を評価し、政治的結果を考える。提案される政策が、道徳的に不正であるなら、たとえどんなに世論の感情が強くとも、その政策はとられるべきではない。市民の希望に応じることと、庇護民・難民の権利を守ることの間の複雑なつりあいをとらねばならない。庇護権はかくして、自由で民主的な国家が、抑圧社会から逃亡した全ての個人の人権を保障する仕組みにまで高められる。(13) 難民政策をめぐる論議で基本的なことは、他国からの人々の人権の問題と、入国許可は主権の事柄だと考える見方との間の根本的な道徳上の矛盾である。

個人と政府の道徳は異なる。私的な個人の道徳性と、公共政策への道徳原則の適用は、区別する必要がある。個人の道徳観は、政策が他に負わせる費用を考慮に入れないので、公共という基礎が薄い場合もある。究極の目的である道徳、それは絶対的な理想を追求する。政策担当者は、現実に照らし、理想よりは少し劣る選択肢をとることを余儀なくされるかもしれない。そうではあっても、政策の決定に際しては、政策が道徳的かどうかを考えるだけでなく、道徳的に好ましい目的が達成される見込みがあるかどうかを常に考慮に入れねばならない、(14) と思われる。

第5章　抑制策の南への波及と滞留難民

冷戦後の中心的な特徴と言えるのは、難民はもはや、北の国々では歓迎されないということである。さらに重要なことは、庇護を求める人々（庇護民）の排除という傾向は、北だけでなく、南の国々にも広がっていることである。大量難民を受け入れる経済的、環境的、社会的、安全保障上の負担に怯えて、世界中の多くの政府は、国内領域から庇護民を排除する手段を講じ、難民の早急の帰国を念じ、時には強制的に追放している。あるバルト諸国の官吏は、自分たちは貧しい国なので、自国民に十分な年金を払うことさえできないし、裕福な北欧諸国と違って、条約難民の地位が保障する最小限のこと以上はできない、と言う。貧しい途上国も同じ論理を使う。

庇護民の追い返しは、南でも起きている。タンザニアは何十年もそこに住んでいたウガンダ人の遊牧民、ケニア人労働者を追い出し、ウガンダはルワンダ難民を、タンザニアはブルンジ難民を追放している。途上国は、互いに関連する広範な、政治、経済、社会問題、すなわち高い人口増加率、失業、ＯＤＡ額の減少、環境の劣化、ＨＩＶ／ＡＩＤＳの流行、構造調整政策による公共分野の支出カットなどに直面させられている。この状況の中で、地元民は、難民が無料の食料、教育、保健医療その他を、国際社会から得ていることに憤慨し始めた。途上国の財務省は、自国民にと考えている開発援助を、難民の世話に使うというのを望まない。

難民保護が経済力の強い先進国で弱まり、庇護の抑制が負担の転嫁として理解される時、大半の難民が生存のため苦闘している途上国では、国際保護が損なわれてきている。途上国で難民受け入れに対し敵意が広まっているのは、国内での政治変化に原因がある。一九九〇年代以前なら、権威主義的政府や一党制国家は、自分たちの利益と難民・庇護民の受け入れが合致すると考えれば、大量の難民人口に庇護を比較的自由に与えていた。しかし、冷戦終結と多党制の導入で、難民問題は新しい特徴を持つことになった。

途上国の間で、庇護への関与が陰りを見せているのは、歴史的にいくつかの政治的、経済的事柄の結果である。一九六〇年代、七〇年代、多くの難民は、独立戦争と自国の解放戦争の産物であった。同じ経験を持つ、近隣諸国からの難民は歓迎された。独立当初は、国も繁栄し、難民数も多くはなかったし、寛大な国際援助もあった。西側諸国は、途上国と友好関係を保ち、共産主義の脅威を封じ込めようとしていた。それらの条件は現在、大きく変化してしまった。

またその他の要因も、途上国での難民保護と庇護への関与を弱める働きをしている。以前は大量の難民を受け入れていた、マラウイやパキスタンのような国々は一九九〇年代、自分たちの寛大さが、国際社会からいとも容易に忘れ去られると感じ始めた。緊急事態が終わるか、難民が帰国すると、途上国は流入による環境的、経済的衝撃への自前の対応をせまられる。冷戦の終結で、ドナーは難民援助計画に政治的関心を失い始めた。多くの場合、これらの国々は地政学的に重要ではなく、グローバル経済に占める割合は小さかった。

近年のイラク難民の避難の初期段階では、シリアとヨルダンの国境は事実上、イラク難民に開かれていたが、二〇〇六年ヨルダンは一七〜三五歳のイラク人男性に入国抑制策を導入した。二〇〇七年、同じ意図でシリアはイラク難民にビザを要求している(1)。エジプトでは初めは、イラク人は延長可能な観光客用ビザで入国できたが、二〇〇六年後半、そうしたビザの入手は困難になった。レバノンでは、問題はより深刻で、イラク人は刑務所に入れられた。二〇〇八年に若干緩和されたが、期限の切れた超過滞在者としてイラクに送り返されている。

全てのアラブ諸国で、イラク難民は雇用に関して深刻な問題に直面している。大半は働く権利を持たず、搾取され、時には人権侵害のある非正規の分野で働くことを強いられている。多くの難民家族は、イラクの親戚からの送金を受けている。エジプトの場合、この収入への依存度が増している(2)。大半のイラク難民にとって、アラブ諸国での定住は、庇護国が彼らに居住権を与えないことを明確に言明しているので、選択肢にはなりえない。そのため、難民の多くは長期の亡命状況に直面させられている。彼らの生活状況はますます深刻化し、貯金をくずし、イラクの住居を売却して生活資金を得ている(3)。

相互依存する世界で、先進国の抑制的な措置はますます、貧しい国々へ難民を封じ込める働きを強め、難民に行きどころのない苦痛を与えている。

1 長期化する避難
――滞留難民の問題――

一九九〇年代初め以来、何万というソマリア難民が、解決の見込みがほとんどない中で、ケニア北部のダダーブ町(Dadaab)近くの三つの難民キャンプにいる。ソマリアという国自身が、国内で争いを繰り返し、国際的な無視・無関心の中で崩壊という道をたどってきた。受け入れ国は、難民は国の資源を枯渇させ、経済社会的に負担になると主張して、キャンプに収容する政策を正当化する。三つのキャンプの人口は、約一二万五〇〇〇人（二〇〇一年）から、約二七万人（二〇一〇年）に膨れ上がった。

長期にわたる避難への解決の展望が見えない理由は、原因国での状況、庇護国での政策対応、その他の行為者の不十分な関与が組み合わされた結果である。避難の長期化という事態は、しばしば慢性的に地域的に不安定な国で発生している。難民・避難民は、アフガニスタン、ビルマ、コロンビア、ソマリアのような何年もの間、紛争や迫害が続く国から出ている。事態は、政治的な袋小路に入り、原因国と庇護国の双方で、政治行動の無作為の結果である(4)。

南アフリカでの難民の正確な数は不明だが、二五万人と推定されている（アメリカ難民移民委員会、二〇〇九年）。成長を続ける南アフリカは、経済移民はもちろん、難民の移動の目的地となっている。正規の移民ルートを持たない経済移民は、同国に留まるために庇護を申請し、庇護制度に否定的な影響を与えている(5)。最大の難民集団は、ジンバブエ人、コンゴ人、ソマリア人である。彼らは歴史的に、市場、住居、公共サービスの利用の便利な都心に住むが、今日新着民の大半は都市周辺の非正規定住地に住んでいる。そこは、社会インフラが未整備で、保健も教育設備も貧弱である。南アフリカでは、外国人への暴力行為が珍しくなく、難民・庇護民への暴力の怖れが、彼らが生計を得る機会に影響を与えている。外国人は、暴力・脅迫を受ける度合いが地元民よりも六倍以上高い(6)、と言われている。

二〇〇九年一二月、UNHCR執行委員会は滞留難民状況について、委員会の結論を採択。それは、今日の国際社会が直面する複雑で難しい問題に対する国際的な関心を反映していた。委員会の決議は、法的な拘束力はないが、難民の国際保護について、今ある保護の欠落部分に対処しており、実践上の手引きと国家の行動基準への、広い立場からの合意の表明である。

滞留する難民状況が、緊急かつ長期的な点で見て、緊急な国際問題として認識されるようになったのは、ごく近年のことである。問題の規模と次元は深く大きく、緊急にグローバルな反応を必要としている。

対応が急がれる理由をいくつかあげると[7]、①亡命状況が長期化し、難民・避難民が必要とする保護が著しく損じられ、問題が適切に処理されていない、②援助と保護が適切さを欠き、難民の尊厳、安全、経済社会福祉に否定的な影響を与え、庇護社会に対し意味ある貢献の機会を損なっている、③UNHCRは、滞留難民の問題の解決が適切にできていない、④避難の長期化は危機を深め、国を安定化させ、原因国と庇護国で持続的な開発を作り出す上で、主要な障害となっている、⑤避難状況が滞留化するのは、紛争が他に波及し、地域が慢性的に不安定化する源であり、難民は近隣国家を弱体化する、⑥庇護国の地域社会は、滞留難民の存在を負担と考え、職業、土地、食料、社会保障サービスの競争者と見ている、⑦長期に滞在する難民・避難民の数は増えており、彼らは都市圏で地元民にまぎれて住んでいるため、国際人道援助が届きにくい、⑧滞留する難民の中には、原因国が所在する地域から不規則な第二次移動をし、北と言われる国々へ流入を続けている、などである。

こうした難民の滞留状況を打開する上でカギとなる点を述べると[8]、まず世界の難民人口の性質の変化があり、その状況が進展し、深刻化したことがある。事態の深刻化にもかかわらず、ドナーであり、定住国である北の国々と、難民を抱える南の国々の解決への交渉は、文書上の字句をめぐって難航し、なかなか合意にはいたらない。問題の性質上、UNHCRのような人道組織だけでは単独で問題を解決できず、国連内外の広範な政治、安全保障、開発機関の継続した関わりが必要である一方で、将来的に国連平和構築委員会のような場からの、一つの国連という主導性をも必要としている。ただその際、忘れてならないのは、国連制度内で、難民問題を広範に取り扱うということである。中心は難民の問題である。そのための新しいアプローチは、庇護国の脆弱性への懸念に応え、主権を強化することである。

2　希望を求めての第二次移動
――密輸ブローカーの暗躍――

スペインとマルタは、海路から入国をはかる〝不法な〟（不規則な）アフリカ移民に悩まされてきた。二〇〇六年にカナリア諸島経由でスペイン入国を試みた人々は三万二〇〇〇人以上。マルタは不法に入国する人で沈没しつつある、と言われた。[9] ＥＵは、緊急にパトロール船と航空機を送って不法入国を阻止しようとした。欧州は、アフリカや中東から入国しようとする人々には、近い外国という現実がある。地政学的に欧州は地中海を挟んで、北アフリカから中東、そして欧州の東の端のトルコまで広がり、イスラム圏諸国九ヵ国と隣接している。二〇〇九年一〇月、エジプトの難民援助関係者は、多くのイラク人が不規則移動をし、危険の多いルートを通って、欧州入国をはかると予想していた。[10]

この未解決の「不規則移動」という問題は、ある国で一時的な保護を与えられた（通常、難民キャンプ）難民が、より良い選択肢を求めて第二の国へ移動する場合である。援助関係者は難民政策の立案の際、この文脈の理解に苦労する。また関係者の文脈把握は、彼ら特有の視点があり、敢えて言えば、難民への人道的な必要からではなく、国内ないし地域政治で第一に決定されている。この要因のため、援助機関側の対応は一貫性を欠くものとなっている。

第二次移動と呼ばれるものには、以下のようにいくつかの形態がある。難民は、保護を与えられた国からしばしば移動してくる。他方庇護民は、庇護申請をせずに移動したり、難民認定の決定が出る前に他国へ移動する時もある。難民と見られる人だが、難民としての保護を利用せずに移動する場合もある。難民認定の申請を最後に出す前に、いくつかの国を通過してくるかもしれない。そうした移動は、逃亡過程の一部とみなされるのか、移民とみなされるべきかが問題である。逃亡過程の一部なら追い返しはできないが、移民なら入国審査の手続きに従う。

原因国を難民として逃亡した人々の中には、目的とする国に到着しても、彼らの入国が密入国なので、庇護申請をしない者もいる。換言すれば、少なくとも不法移民の一部は、庇護を申請すべき人々からなっている。限られたデータから言えることは、西欧入国のために密輸ブローカー（密輸人）を使う人々の大半は、庇護申請者だということである。少なくとも西欧で人の密輸と闘う場合には、庇護の可能性があることを無視すべきではない。

不法移民と庇護民の間の区別は、もはや明瞭ではない。難民は、自分たちの連絡網や知り得る好ましい経済機会のために、特定の国での庇護を求めようとする時でさえ、理屈上では、紛争や抑圧という押し出し因により、強く動機づけられている。庇護が与えられた理由は、彼らが持つ技術や家族のつながりではなく、むしろ十分根拠のある怖れか紛争であり、それに基づき、難民かそれに準ずる地位が与えられている。難民条約は庇護を申請する状況に理解をしめすが、庇護民の密輸ブローカーの利用は、国によっては、庇護の要求に否定的に影響する。例えばイギリスでは、庇護申請を拒否する理由として、有効な文書を所持していないことと、不正書類の提出があげられたが、実証的な研究によれば、これらは入国に特有な行動の結果と考えられる。(11)

人の密輸は、移民管理を損なう怖れを生むとともに、明らかに庇護民を脆弱さにさらしている。庇護民は、密輸ブローカーに身をさらし、経済的（目的国に着くまで通過国でかなりの期間過ごす）、社会的（業者の都合で自分が目的としない国へ連れていかれる。友人・家族の支援網から孤立させられる）、政治的（当局に捕まれば送還される危険がある）に危険にさらされている。庇護民は目的国での最初の一年は貧しく、送金はできない。

カナダでは二〇一一年、密輸で〝不法移民〟四八七人が逮捕され、二〇一〇年の三〇八人から割合が大きく上昇した[12]。密輸ブローカーは、四輪駆動車から、スキー、カヤック、ヘリコプターと何でも使ってカナダに潜りこませようとする。過去数年、同国では国境での取締りが強化されて逮捕者が増えたが、密輸業者の活動が活発化したこともあった。

庇護民が密輸ブローカーを使う理由は、彼らには全く合法的な選択肢がないからである。庇護民は、不法に入国する以外に選択肢がない。そして、不法の移民経路は、密輸ブローカーに支配されている。合法的な入国手段がない中で、庇護民や移民はますます、密輸ブローカーを介した不正手段に依存している。そのことがさらに、一般の人々の信頼を損ねる。庇護と入国の論議はますます、二極化している。

密入国した人に、〝強制送還されたら〟の問いに、何人かの庇護民はきっぱりと、「資金を工面して今度は別の国で、もう一度やる」と言う[13]。送還は、人々を送り出して来た元の地域社会の他の人々への意図をくじくだろうという見方は疑問である。そこにある不幸な間違いは、庇護民を全員、自発的な移民と考えていることである。答えは簡単で、他人の経験がどうであろうと、個人が自身の生活が脅威にさらされていると感じたら、おそらく逃亡という危険を進んで選ぶということである。

密輸が繁栄するのは、需要があるからである。密輸ブローカーへの罰則、国境管理の強化、移民の送還・帰国は、この需要に実際に影響を与え、防止策になるとは到底思えない。密輸人への需要はどこにあるのか。大部分は、庇護民とともにある。商売という点で、庇護民は入国のための情報や技術を彼らから買い、密輸ブローカーの手助けを得たいという重要な要求がある。密輸ブローカーは、例えばイラン人にオランダに入国するのを助けるだけではなく、到着後、オランダに留まれるようにする情報を与える。逮捕されても、パスポートがなければ、個人、及び国籍国、通過国の特定ができない。このやり方を密輸された人がとれば、彼らの即座の追放は難しくなる。オランダが再入国合意を交わしている国を含め、通過してきた国の名前は言わないよう指示されている。密輸ブローカーの多くは、庇護手続きについて非常に正確な情報を持ち、係官の質問への受け答えも助言している。[14]

欧州では、政策が単独及び多国間で作られている。焦点は特に、業者への刑罰、密輸された人々を通過国で止める、人々の送還といった措置である。さらに言えば、政策が立案される前提が疑わしい、[15]と言う声もある。政策の主眼が、人の密輸は、麻薬や武器輸入と深く結びついているという考え方だが、実態となると怪しくなる。また政府は、曖昧な言葉で、国家の安全への脅威だと言う。しかし政府はデータに基づいて、人の密輸の規模を正確に推定することさえできない。全体像を知るための出発点は、不法移民のデータであるが、なかなか十分には得られない。欧州でさえ、そして正規移民でさえ、データは不正確で、時期遅れで、比較できない、[16]と言われている。ある推定では、欧州では不法移民よりも庇護民の数の方が多く密輸されており、最も低く見積もっても、密輸された人の総計一〇万六〇〇〇人中、庇護民は七万人（六六％）だ、[17]と言う。密輸された人の数の推定、特に庇護民の数の推定では、様々な問題に悩まされる。政府は、密輸の撲滅のために喜んで庇護を犠牲にしているように見える。

現在の密輸防止策は、戦略が統合されても密輸に対する効果は持続しないと思われる。商売として現われた密輸業は、多国間にわたって組織化され、政策の抜け道を探り、原因国で顧客を求めて競い合っている。密輸は、移住の商業化の結果として現われてきている。それに対し、当局側の政策は、密輸は全て以前と同じで、規模がそれほど大きくないと仮定しがちな上に、密輸人や現場での運び屋を捕えて罰するというのでは、効果が限られる。密輸組織の規模は、国境を越える犯罪ネットワークから、個人営業まで様々だが、巨大で、組織的に働き、多国籍の連絡網を持ち、資金力がある。

同じ意味で、通過国での国境管理で密輸ルートを閉じることは短期的には効果があるかもしれないが、ルートはしばしば変更され、密輸人は西欧への入国機会を注視し、国境の開け閉めに機敏に対応しているので、政策として持続的に効果があるかどうかは疑わしい。

援助関係者の中には、庇護政策の緩和を主張する人々がおり、彼らは西欧が入国を緩和すれば、庇護民はもはや入国のために密輸業者に依存する必要がなくなる、と言う。しかし現今の移民に対し、政治状況が厳しい中では、どこの先進国政府にも政策緩和を期待することは難しくなっている。

ところで人の密輸論議で、庇護の問題はあまり注意が払われてこなかった。庇護と人身売買のつながりを調べる研究がなく、代わりに限られた研究が、焦点を人の密輸に合わせてきた。人の密輸への対策は、特に欧州で進められているが、注意すべきことは、「人の密輸」と「人身売買」の区別である。人身売買は、例えば売春婦のように、労働市場で搾取される立場に置くために、人を不法に移動させることである。人の密輸は、国境を越えて人を不法に移動させることである。

現在の密輸防止政策は、密輸された人々、及び人身売買の犠牲者を本国に帰すことである。以前は、不規則移民の帰国は多くの西欧諸国ではその場限りの対応で、多数の人が帰国するというのはまれであった。現在、多くの国々は、帰国する人に援助を与え、出身国に改めて統合できるようにしている。[18] 政策が仮定するのは、帰国は反密輸対策の重要な手段であり、彼らは密入国のために多額の金を支払っているが、帰国は彼らの投資が無駄になるという意味を彼らに伝えることであり、密輸人に金を支払う彼らの意欲をそいでしまうだろうというものである。

しかし帰国がかなりの規模で達成されても、この仮定にはいくつかの疑問がある。例えば、帰国した人々が再び入国しないか、あるいはもう一度密輸業者に頼らないかである。例えば、イランはその一つの例である。[19] 帰国民は海外で庇護申請したというそれだけの理由で、迫害の危険に直面する。言い換えれば、彼らが最初に入国した時、彼らの主張に迫害の十分な根拠がなくとも、帰国によって迫害は事実上、十分に根拠がある状況となり、脅威になってくる。これらの帰国民は、真にイランを逃げる必要があり、再度密輸業者に頼るほか選択肢はないかもしれない。もう一つの懸念は、迅速に帰国させられると、重い借金を背負ったまま自国に戻らねばならない。密輸業者に支払った借金が返せないということである。

欧州での人の密輸に関しては、主に三つの論議がある。①庇護民は現在、密輸される移民の中で最大の集団である。この特定の集団の状況に焦点を合わせるべきである。②密輸が起こるのは、少なくとも部分的には、抑制的な庇護政策の意図せぬ結果である。庇護策が緩和されるべきだということでは必ずしもないが、庇護策から密輸撲滅策を切り離すのは不可能である。③現在の対策は現象に対処するだけで、原因への取り組みではない。密輸は事業であり、それ自身の弾みで発展している。この事業をなくすには、求められる需要を取り除くことである。需要は一般に庇護民からきている。

確かに、人の密輸業が成長しているのは、抑制的な庇護政策の意図せざる結果の一つである。ただし庇護民の密輸は、単に欧州での庇護策の結果ばかりで進展したわけではない。密輸は何も新しい現象ではなく、第二次世界大戦前と大戦中には、ドイツ及びその占領地からユダヤ難民が密輸された。この場合、密輸の目的は、政治体制から逃れる人々を援助することであった。これは例えば、今日のイランから密輸業者の手をかりて、逃亡する目的と同じである。異なるのは、受け入れ国の現在の政治文脈だけである[20]。繰り返せば、より初期の難民については、密輸の主要な目的は、彼らが原因国を離れるのを助け、迫害を逃れさせることであった。現代の庇護民にあっては、目的国に入り、障害となる庇護策を打ち負かすよう彼らを助けることが重要になっている。

それゆえ人の密輸の発達は、抑制的な庇護策の直接の結果であると改めて言わざるを得ない。欧州での庇護民は、少なくとも部分的には抑制的な庇護政策の結果としてますます、密輸ブローカーの手配に依存している。ただし、密輸を止めれば、事実上、庇護を終わらせることになる。人の密輸を止めることは、庇護民を様々な危険から救うことだが、同時に少なくとも欧州では、庇護の最後の可能性の一つを閉じることである。密輸を根絶すれば、先進国での庇護の可能性を多くの人々から奪うことになるかもしれない。イギリスで難民の地位を与えられた人々の中には、密輸された人が高い割合で存在していた。

しかし他方で、庇護民を搾取する制度を支援、存続させることはできない。人の密輸と闘わないのは、真の提案ではない。商いとしての密輸の概念は、確かに批判的に評価される必要がある。密輸を犯罪ではないとしたり、庇護策を現実に妥協して歪めるのでもない。少なくとも他の三つの選択肢があり、十分考慮に値する。それぞれを今実施されている反密輸政策と並行して進める必要がある。

三つの選択肢[21]とは以下の通りである。①国内での処理。庇護民が密輸業者を雇う唯一の理由は、移動する必要があるからである。庇護から移動という要因を取り除けば、密輸もなくなる。②同様な意味で、地方政府で処理できるようにする。そこへの接触を法的に保証する。③先進国間で割り当て数を改めて導入する。

これらの選択肢はどれをとっても、経験上、特有の問題があることが知られている。例えば、③の割り当て枠だが、オーストラリアの寛大な定住割り当て枠は、庇護を求めて自分でやってくる人々の数を減らすことにはならず、全く影響がなかった[22]。しかし、もし密輸を止めようという政治意思があるなら、庇護民のためにいくつかの選択肢を与えることが必要となる。上記の三つの選択肢は、目新しいものではないが、時と場合によっては国家は考慮が可能である。

密輸と庇護という課題は切り離せない。繰り返せば、隆盛するこの商いの勢いを止める最も効果的な方法は、需要の根をたつことである。ただし、密輸問題の解決のために、庇護を犠牲にすることはできない。その際、庇護を中心に据え、問題の解決を図ることである[23]。密輸業と闘うための政策は、密輸の諸原因と現今の庇護政策に取り組むことなしには、成功は見込めない。密輸と庇護の絡み具合をほどくには、庇護民・難民の個人的な安全と国家の安全との調和を探ることである。

換言すれば、問題には、「管理」と「理解」という二つの側面があり、国家の安全と庇護民の個人的な安全が結びつけられる必要がある。人の密輸を止めるという課題は、庇護を再考する機会を与える。国家の安全という目標は、庇護という課題を組み入れなければ正しく満たされない。庇護を擁護するには、密輸業の取り締まりと同時に、現実的な庇護政策を行なうことである。密輸と闘うためには、政策枠組みの中で、庇護に中心を合わせる必要がある。

本節では、敢えて人の密輸との闘いに焦点を合わせ、国家中心の視点から話しを進めた。個人を中心に据え、庇護権に焦点を合わせれば、密輸ブローカーに対する庇護民の脆弱性や庇護への脅威をどう防ぐかという、異なった結論になる。しかしここでは、国の見方に焦点を合わせることで、二つの見方の間を架橋してみた。

第6章　都市への難民流入

——実状と課題——

アジア、アフリカの第一次庇護国では、多くの政府が、庇護民や難民は決められた地域のキャンプか特定の定住地に住むことを要求し、特別の許可を得た人々だけが通常、医療ないし特別の保護の必要のために、都市に住むことを許されている。〝都市に流入する難民〟（以下、都市難民）に関して、以前にイメージとして持たれていた、彼らは若い単身の男性で、難民と庇護民の大半を占めるという見方は否定されている。ＵＮＨＣＲによれば、その比率は通常の人口の配分比率に近く、女性四八％、一八歳以下が二八％、六〇歳以上が一二％となっている。しかし都市区域にいる庇護民と難民の状況は、国ごとに人数、男女比、年齢、社会的な脆弱性が大きく異なる。

一九九七年、ＵＮＨＣＲは「都市区域の難民についての政策」（Policy on Refugees in Urban Areas）を公表して、都市難民の保護の必要と援助依存状況の回避、自立の促進を強調した。関係者からの反応は芳しくなく、概念の明確化と改定を要求する声が数多く寄せられた(1)。

ＵＮＨＣＲは都市難民に対する政策を見直し、援助を再考することが必要になった。ＵＮＨＣＲの「評価・政策分析課」(Evaluation and Policy Analysis Unit, EPAU)は一九九九年、政策とその実施措置の再検討を委任され、様々なイニシアチブをとった。EPAUは、国ごとの事例研究を進め、研究会を開き、これまでの政策を検討し、多くのアプローチを組み合わせた新しい政策を作成した。二〇〇三年、EPAUは草稿として、「都市区域の難民への保護、解決と援助——指導原則と良い事例」(Protection, Solutions and Assistance for Refugees in Urban Areas: Guiding Principles and Good Practice)を作成している。

その後UNHCRは、二〇〇九年に都市難民についての政策を改正している。それによれば、政策は一九九七年のものより、一層権利に基づいたものとなり、進歩的になった。一九九七年の政策は、NGO等、多くの人々から懲戒的だと批難され、同政策は、難民のキャンプ収容を進める考え方だとして反対された。これに対し、二〇〇九年の政策は、難民の移動の自由、都市を含め住む所を選ぶ権利や、都市での保護環境の向上に基本的に必要な生活手段の利用を主張している。

新しいのは、難民が都市に逃れることではなく、かつてない規模と数で都市区域に移動していることである。UNHCRの二〇〇一年の統計では、一三%の難民が都市区域に住んでいたが、二〇一一年には全難民の五八%が都市区域に住んでいる。彼らはインドのハイデラバード、ニューデリーに移動したソマリア人、南アフリカのヨハネスバーグ、ケープタウンのコンゴ人のように、かつてないほどの遠い距離を移動してくる(2)。

人々は自国を、恐怖や未来の不確実さへの思いと共に、希望と向上心が入り混じった感情で離れており、部外者には出国理由を判断するのは非常に難しい。同じ国の他の移民から、難民を区別することが重要である一方、両者を分ける難しさがある。ホスト国の中には、個人の状況にかかわらず、特定の国からの人々全員に、難民であることは自明だとして、全てに、難民の地位を与えているところもある。例えばケニア政府のソマリア人、スーダン人への対応がこれに該当する。そのためケニアでは、そのうちの何人かが、自分は経済移民で、難民として扱われたくないと思っても、難民キャンプに住むことを要求されてしまう。この政策はまた、難民ではない人々から、真の難民を区別するのを難しくさせている。(3)

都市に避難した人の半分以上は難民と庇護民で、残りは国内避難民（ＩＤＰ）とその他類似の人々である。これらの状況はＵＮＨＣＲの公式数字から推定したものだが、さらにこれからこぼれ落ちる人々がいる。何千という人々が都市区域に住み、難民の人数には含まれていない。彼らは未登録か、連絡がなかった人々である。このように、ＵＮＨＣＲが言う〝分散した人々〟(the dispersed)がかなりいる可能性がある。

ここで若干、「都市に住む国内避難民」（都市ＩＤＰ）に触れておきたい。都市ＩＤＰに限らず、一般に「国内避難民」（ＩＤＰ）に対しては、その国が一義的に、保護と援助の責任を持っている。国がその義務を望まないか、できない時には、責任は国際社会が持つことになる。都市化をおさえようとする政府にとって、ＩＤＰの都市定着は必ずしも好ましい解決策ではない。都市郊外のスラム街にひどい状況で居住する都市ＩＤＰの人々がいることは、政府にとって利にはならない。彼ら都市ＩＤＰは、農村キャンプのＩＤＰに比べ、めったに支援されることがない。彼らは、小売、個人の家の掃除、茶売り、酒の醸造のような非公式の活動で小額の収入を得ている。スーダン・ハルツームの二〇〇四年の調査では、家長の三九％のみが何とか定期的に収入を得ていた。(4)都市ＩＤＰへの国際的な関心は限られたままである。

ところで本題に戻るが、避難・逃亡は、計画された場所（難民キャンプ）か、非計画の場所（村、町、都市）に人々を動かす。従来は難民キャンプ、避難民キャンプのような場が政策で決められ、その場で援助が集中的に行なわれる傾向があった。その結果、計画外の地域に居住した人々への援助は、一般に行なわれなかった。都市に居住した避難民や難民は、忘れ去られた存在であった。

また途上国の政府は法律を施行する能力を欠いたり、居住を黙認する場合もあり、現実には公式の数字よりも、かなり多くの難民が都市に住んでいる。難民キャンプを設置していない南アフリカやエジプト、そして西側先進国では、庇護民と難民は、合法的に都市部に住むことが許されている。これらの国々では、難民を含めて、都市への移民の数が増大している。(5)

難民は、国内移動民と同じく、より良い医療、教育、経済機会を求めて、都市にやってくる。また、大都市がもつ個人の〝匿名性〟を求める者もいる。彼らは難民キャンプを離れ、都市に向かい、あるいはキャンプ制度のない国に避難したいと思うかもしれない。難民の中には、キャンプでは得られない保護を求めたり、何人かはまた、他の形態の人道的援助や、第三国定住の可能性を求めて都市にやってくる者もいる。

他の〝隠れた人々〟(hidden populations)と同じように、都市難民はホスト国の当局の注意を惹かないように、ひっそりと暮らすことを好む。(6) 彼らはしばしば、政治的な微妙さや、知られることへの懸念からインタビューされるのを好まない。彼らはインタビューする人の意図や、通訳者の信頼性に懸念を持っているのかもしれない。その結果、こうした人々への接近は難しく、人数や居住分布の情報は欠乏している。(7) これらの困難さを幾分かでも埋めるには、研究者と当事者の間の信頼に基づく質的調査によらねばならない。

都市難民が直面する困難さは、キャンプに住む難民のそれとはしばしば異なるが、深刻さが少ないということでは全くない。(8) 全ての都市で、都市難民は永住者として許可される前に、かなりの〝官僚的障害〟に直面する。多くの人々が成功を果たせず、追放の危険にさらされる。多くの場合、難民が生計手段を求める上での政治状況は厳しく、彼らへの支援は極めて少ない。ホスト政府はしばしば、難民へ労働許可を与えることに抵抗し、国際機関等からの援助計画に強く反対する。計画は難民の能力を増進するとみられるが、ホスト政府は、計画により難民が地元民と競合し、帰国せず国内に留まる怖れがあることを心配する。[9]

この章では、都市で難民がおかれる政治的な状況と政策から始めて、彼らが持つ特有な経験の諸側面に焦点を合わせることにする。

1　用語と避難形態

〝都市〟という語は、広く主観的な範囲を指し、様々に広く変化する意味を持つ言葉である。多くの都市周辺地域、不法居住地区は、公式の統計からは除外され、都市の地図には出てこない。都市の伸長・拡大はもう一つの複雑要因である。郊外は、周辺の農村地域に広がる傾向があり、都市地域が持つ絶えず変化する境界を定めることは難しい。ここでは、都市区域は、市の郊外を含め、市道に沿った周辺部に位置する難民・避難民の居住地を組み入れることにする。そして、「都市難民」とは、政府が都市と呼ぶ地域に住む、農村か都市的背景を持つ難民とする。この用語は、難民と認定された人、庇護民、一時保護者、そして難民認定は却下されたが留まっている人、を指している。

避難の形態は複雑で、様々なものがあるので、[10]国内避難民も含めて述べることにするが、次に掲げるものがその主なものであろう。

①国外から流入し、都市に避難――国外からホスト国の難民キャンプを経て、あるいは直接、都市に移動する。

②国際的な都市間の避難——農村地域を逃れ、外国の都市へ逃亡した、都市化された帰還民の間で起こる。帰還民は都市区域に戻ることを選ぶためである。彼らは以前の農村社会に再統合が難しい。特にソマリアのいくつかの地域で見られる。例えば、ハルゲイサ（Hargeisa）町はソマリア帰還民の約六〇％を受け入れた。大半が、一九九一年〜九七年に自発的に帰還している。同じく、何百万というアフガン難民の大半がカブールに戻った。こうした帰還は、都市で既に限界に達したサービス配布に圧力をさらに加えている。帰還した難民、避難民、貧民を危険な状況に陥れている。

③国内の都市間の避難——援助を求めて、町から町へ移動。コロンビアでは、いくつかの都市を移動後、大半の人は最後にボゴタ、バランキージャ（Barranquilla）、メデジン（Medellín）やカルタヘナのスラム街に落ち着く。彼らは大都市への移動の傾向があるが、紛争を都市化する危険性がある。[11]

④同一都市内の避難——複雑で複合的な性格を持つ都市内での移動。ソマリアの首都モガジシュ内の戦闘で、市の他の場所へ避難。首都の避難民キャンプに住む多くの家族は、繰り返し避難を余儀なくされ、人によっては二度、三度となる。

⑤農村と都市の間の循環的な避難——農村から都市への強制的な避難がセネガルのカザマンス（Casamance）村の住民の間に見られる。ジガンショール（Ziguinchor）の近くの村の住民は、反政府軍の攻撃で同町へ避難。事態が沈静化したと思われる二〜三ヵ月後に村に戻っている。しかし、四万人以上が町に残った。

スラム街や下町では、難民や庇護民は地元民とともに、都市貧困に関連する構造的な問題に直面する。誰もが物理的な必要物（住居、食料、水）を求めて、そして教育、医療を求めて格闘している。都市に来る難民の中には、都市が与える匿名性のために安全だと感じる者もいる。何人かは、難民キャンプでは入手できないエイズ治療を含む、保健医療サービスを利用するためにやってくる。また多くの人々は、人道援助が受けられると信じるか、定住計画に入れてもらうためにやってくる。実際、今日では定住受け入れの可能性は非常に狭まっているが、都市で定住計画に登録できることは重要なプル要因（受け入れ国側の要因）である。

しかし、難民は他の都市住民から二つの重要な点で異なっている。第一は、大半の難民や庇護民は、個人的に暴力紛争、拷問、その他の人権侵害を経験するか目撃し、長く困難な旅をしてきている。この経験は、身体的にも精神的にも医療疾患を引き起こし、生活を立て直す上で障害となる。難民は他の人々より、結核のような伝染病への感染の危険が幾分高いし、難民女性や子供は、難民キャンプにいるより、都市では人身売買や性的搾取の危険が高くなる。

第二は、都市難民は理論上では資格として保護や援助が利用可能な点で、他の都市貧民や外国人移民とは異なっている。国際法上は、認定された難民と庇護民は、ホスト国の保護下に入り、難民条約とその他の国際条約に定められた一群の権利を与えられるようになっている。これらの権利は、難民がどこにいようと、キャンプであれ都市区域であれ、適用される。

2　先進国の受け入れ国（ホスト国）への影響

難民・庇護民は、先進国途上国を問わず、ホスト国の外交政策[12]と国家安全保障に重要な影響力を与えてきた。国家は難民の大量流入を防ぎ、強制移動を引き起こす人権侵害に対処すべく、力で介入してきた。本節では主に、先進国への影響について述べる。

難民・庇護民がホスト国に与える影響は、まず第一に、紛争を生じた原因国の再建や開発援助である。ボスニア戦争でドイツは、約三五万人のボスニア難民に一時保護を与えた。戦火がおさまると、ドイツは難民の帰国を望んだ。ボスニア政府は、国を復興し、避難民を定住させ、帰還民を受け入れるために、ドイツとEUからの復興援助を依頼した(13)。

第二に、ホスト国における庇護民を抱えたことによる広範な経済生活への影響は、雇用や社会福祉に関する政府の施策、庇護民の持つ教育程度と技術的特徴、新着民を吸収する労働市場の容量と好意といった要因にかかっている。一般にこれまでの研究では、労働移民は庇護民・定住難民よりも、良い経済効果を持つと考えられている。労働移民は通常、彼ら自身の技術で選ばれるか、雇用状況をあらかじめ知って自分でやってくる。家族移民もまた、新着者に家族が職を与えられる場合や、職の斡旋が可能な地域社会の連絡網を通じてホスト国にやってくる。多くの国々では、難民の家族再会は、家族が新着者を支えられる十分な資金力を持つ場合にのみ、認めている。

先進国の場合、政府が移民を歓迎するのは、工業、サービス産業、農業分野で人手が欲しいためであり、さらに社会に文化的多様性と活力をもたらし、世界主義に通じるからである。また国が移民を奨励するイデオロギー的な理由もある。伝統的な移民国であるアメリカ、カナダ、オーストラリアでは、移民を受け入れるイデオロギー的な信念がある。多くのアメリカ人は、移民に機会を与える土地という、アメリカの自己イメージを再確認する手段として移住を見ている。イスラエルには、世界の至る所からユダヤ人を受け入れるシオニスト概念がある。

第三は、国から地方自治体への事業移管に伴い、費用の割り当てと変更が生じることである。一般に国は、国際的な責務のほか、国内法に従って庇護申請を審査する責任を持っている。しかし庇護民はしばしば国中に配置されるので、地方当局が彼らの生活維持に責任を持つことになる。ドイツでは、州が庇護民と「一時保護の人」の受け入れと世話に責任を持っている。オーストリア、スイスも同様である。スウェーデンでは、庇護民に要した費用のいくらかを国が自治体に補償している。庇護民が働き、納税した時でさえ、自治体は財政費用を高い割合で負担している。アメリカでの財政費用は、一般に税収（特に社会保障年金制度）は連邦政府に属し、教育、住居、医療の費用の多くは州や郡の管轄である。[14] 庇護が政府財政に与える影響の研究は、一般に総支出に焦点を合わせ、庇護民が支払う税金や彼らの潜在的な貢献を考慮していない。

3　生活の枠組みをつくる政府の政策

難民条約上の義務にもかかわらず、大半のホスト国は、難民に労働許可を出すことには消極的である。難民の権利が守られる環境を作り、都市で難民への職業機会を作り出すことは課題の多い複雑な問題である。政府の政策、難民の持つ技術、労働機会、そして種々の障害が、都市での難民の生活形態を作り、それに影響を与えている。庇護の供与が様々な面で、社会的、文化的に地域社会に影響を与える時、最も重要なことは、新着民の身に起こる緊張がどのようなものかである。

政府は、地元民と難民が仕事や収入で競合することを怖れ、難民が事実上統合されると、自国に戻らなくなることを怖れる。これらの懸念があるのは理解できるが、一方難民が蓄えた資金と取得した技術は、原因国が安定したとき、難民をより帰りやすくさせるのは事実である。[15] アルバニア系コソボ人は家の修理のため急いで帰り、高度の技術を持つ南スーダン人は、仕事があると見たので、ケニアのカクマ・キャンプから帰国した。リベリア人は、首都モンロビアで家や財産を取り戻し、農業をするためにギニアから帰国した。ホスト国に残留する難民は、金を稼ぐ方法を見つけた人々ではなく、むしろ帰国しようにも金がない人、帰国後に頼りとなる新しい技術のない人であった（例えば、ガーナのブドゥブラム・キャンプ（Buduburam）のリベリア人）。

雇用についての政府の施策は、庇護民の潜在的な貢献に非常に大きく影響する。経済的影響が時の経過でどのように働くかは、その多くの部分が、難民を労働市場へ統合しようとするホスト国の受容力で決まる。

援助を担う人道機関（ＵＮＨＣＲやＮＧＯ）の側にも困難がある。[16] 第一は、提供される資金額の下降。滞留する都市難民の状況より、特定の緊急事態にドナーが資金使途を指定することがあるためである。第二は、人道組織は、ホスト国の政策に従うことが求められること。政府はキャンプにいる難民に、援助は与えられるべきだと主張する。不規則な第二次移動への対策も未解決のままである。第三は、援助機関は、ホスト国の移住という政治に直面させられる。援助機関と難民の双方が、ホスト政府の政策に影響を与えようとする時、都市難民のニーズよりも、より強力な決定因（例えば、アラブのイデオロギーと地域諸国との関係はエジプトの難民政策に影響を与える）に向き合わねばならない。

ホスト国の政策と実施措置の中に難民の権利を認め、政策に影響を与えることが最初の条件である。そして労働機会の開拓と制約要因を見つけ、これらの機会と制約に応じた難民の生活対処戦略を確認することが、次の重要な一歩である。

4　不安定な法的地位

ホスト国の政策で管理の方法が変わり、難民の法的地位は変わり、時の経過で地位は変わる。[17] 難民が都市で生活する上で、法的地位はとりわけ重要で、この地位が不安定だと彼らのあらゆる「脆弱性」につながっていく。

ここでの「脆弱性」という言葉は、貧困、周縁化、あるいは不利益、危険にあると思われる集団や個人を指す言葉と同じではない。貧困は現在の程度・状況をはかる尺度だが、脆弱性は予想される特質を含んでいる。つまり、特定の危険な状況下で見出されうる人々を概念化するやり方である。

それゆえ、難民が都市で脆弱性にさらされるというのは、主にホスト政府の法律と政策で決定づけられる事柄であり、これらの政策が実施される方法による。公私の制度が、難民を支援し、管理している。国民の難民に対する支配的な風潮は、一般大衆の外国人嫌いから、歓迎・同情の態度までかなりの幅がある。

難民は都市では、土地などの自然資産はほとんどもたない。土地の購入、所有は認められない。自然資源の利用機会はほとんど与えられない。住居は狭く混雑し、裏庭での菜園作りや小動物の飼育さえ妨げられる。生活を補う、以前のような共有地はなく、都市難民には食料生産や農業技術を利用する機会がない。ただしその一方、都市人口への食糧供給が需要を増す中で、ホスト政府は都市近郊での農業生産を考慮する必要が生じている。

都市に生活する難民は、自身を守るため、地元当局や国際人道組織からは隠れて生活している。その結果、国際機関やドナーからの援助はほとんどない。加えて、証明書がないため、[18] 誰からも保護されず放置される。差別、不十分な住居、雇用機会の欠如があり、社会サービスから排除される。安定した生活への対処の道が限られるため、多くの人々が自立できない。

難民の労働する権利、各種証明書の認証、在留許可を政府が制限していることは、難民の自立と保護への最大の障害となっている。合法的な労働権がなくては、難民は闇の労働市場へ入ることを強制され、その市場は税収には寄与しない。代わりに、生きるために犯罪行為に走ることを政府は認識できていない。

保護は、法的認知と文書の活用で守られる。移動の自由、労働する権利、土地所有権で、法が利用できることである。これらのうちの何かが妥協させられると、危険が増してくる。これらの危険は、難民の生活戦略に関係してくる。

脅し、差別、給与の未払い、不安定で危険な住居（家主が過剰に金を要求。予告なしの追い出し）、難民家屋への盗みや商売での商品の盗難、警官の強奪や逮捕・押収が報告されている。ウガンダのように労働権が認められている場所でさえ、一貫した国内法がないために、もめ事が起こると政府官吏や企業主がそれぞれに異なった解釈を行ない、難民が罰せられ、雇用機会が妨げられている。労働許可、在留許可を取得するための関連の費用、学歴証明書等の翻訳費用は、雇用への障害となっている(19)。

庇護民の法的地位は、難民と認定された人の地位より弱く危険である。彼ら庇護民への人道援助はなく、難民にともすれば敵対的なホスト政府は、政策上で庇護民には労働権を否定する。さらに危険な状況にあるのは、地位を否定されながら国内に留まる多くの難民同然の人たちである。彼らは自国に戻れず、他に選択肢はない。法的な地位がないことは、仕事、子弟教育、医療の利用が制約され、不利益を受ける。司法権を主張することもできない。

政治学者は伝統的に、国内に住む市民の権利と義務を明らかにすることに関心があり、近年、入国許可を求める外部者の要求に関心を払い出しているが、個人の権利の考察は依然として国家の枠組みの中で行なわれている。一方、国際法は一国から他国への移動を人の権利として保証してはいない。国内での移動の自由という論理を、国家間の自由な移動に拡大すべきかどうかは問題となっている。

市民権（citizenship）の問題は今日、人権侵害と政治紛争が多発するアフリカで中心的な位置を占める。市民権には、誕生による市民権、登録による市民権、帰化による市民権がある。例えば東アフリカ五ヵ国は市民権に関する共通の政策がない。それぞれが独自の政策をとっている。共通しているのは、彼らは民族、宗教、周縁集団（女性、難民、国内避難民、同性愛者）の権利に非常に多くの制限を課していることである。

5　雇用機会の創出と労働権の確保

ホスト国は現在、先進国であれ途上国であれ、難民・庇護民を受け入れている。滞在する彼ら難民・庇護民は、仕事の入手法が異なり、連絡網の強さの程度が違い、そして結果として脆弱性が異なっている。この節では、それを雇用の視点から眺める。

雇用の可能性は、ホスト国の政策、個人の持つ技術の程度、そして幾分学歴と関係しているように見える。庇護申請者（庇護民）は少なくとも、難民に認定されるか、それに準ずる地位を得るまでは働くことが許可されていない。審査期間中、受け入れセンターや勾留センターで孤立したり、彼らが集中して居住することで地域社会が過剰な負担を負わないよう、特に先進国では国中に分散させられるかもしれない。政府の政策次第では、難民が早期に仕事につくことを妨げるかもしれない。難民側にも、自分たちを長期居住者と見るより、〝お客さん〟

と見る傾向がある。

難民は通常、自己の教育背景よりもかなり低い技術段階の仕事から始める。雇用に大きく影響を与えるのは、都市環境にあった技術、語学能力の有無、連絡網や雇用主への個人的つながり、仕事の見つけ方の情報だが、難民はいずれも欠いていることが多い。以前の仕事経験を伝えることにも困難を感じる。特に女性難民は、技術、語学力が不足する上に、子供の世話という障害がある。

ノルウェーでのベトナム難民の調査（一九九三年）では、失業は公教育のレベルが低い難民に多かった。[20] しかし、高学歴の定住難民でさえ、新しい国での労働市場への適応は難しい。アメリカやドイツでのソビエト・ユダヤ人の定住では、専門を証明する学歴証明書が認められず、失業する者もいた。カナダの調査（二〇〇〇年）では、労働市場への不慣れ、不十分な語学能力、専門職認定制度で資格基準の適用により、雇用されることは難しかった。専門職、管理職の人々は、失業率が高く、時給雇用か臨時雇用であった。

インド・ニューデリーでは、非熟練の就業機会はたくさんある。最大の難民集団は、アフガニスタン人とビルマ・チン族（Burmese Chin）で難民の九〇％以上を占める。[21] インドは難民条約に未加入で、難民関連の国内法もない。一貫した政策枠組みがないため、難民集団ごとに措置が異なり、扱いが異なってきた。労働権は与えられず、非正規の労働市場で労働が許容されている。そこでは、同じくインド人の推定九二％が働いている。

ケニア・ナイロビでは、非正規の市場が数多く立ち、難民たちは多様な企業家としての才能を発揮している。例えばソマリアからの畜牛貿易のような、国境を越えた経済活動が行なわれている。しかし、非正規の労働市場での仕事は、しばしば危険で、搾取がからむ。高度に分化した都市の労働市場では、難民は熟練労働から除外され、代わりに最低賃金で建設労働者のような最も危険な地位をあてがわれる。仕事の斡旋には様々な人が関わり、実際に差配するのは、ギャング・リーダーやブローカーといった成功した移民の一部である。
ニューデリーでのビルマ・チン族は、最も困難な立場におかれている[22]。彼らは非熟練で危険な仕事に就き、低賃金で長時間働いている。彼らに対する民族差別は、経験や語学技術の欠如と相まって、適切な仕事が得られない主要な要因となっている。

一九九七年のオランダでの調査では、同国の難民は非常に高い失業率をしめしていた。五〇％以上の人が失業、三年以内に入国した人々に限れば、七五％以上の人々が失業していた。失業中の難民の大半は、オランダ語の学習クラスに通ったが、一八ヵ月後、わずかに二％の人しか話すことができなかった。就いた仕事は、技術的に低いレベルであった。難民がオランダに入国した時持っていた人的資源は十分に使われないままであった[23]。

以上は、限られたいくらかの場所での結果であり、全体の傾向を見通すことはできないが、難民の高い失業率を見ると、彼らが地域社会に、雇用、賃金、労働条件で否定的な影響を持つようには見えない。

経済資本の利用の可否は、おそらく自立達成への最も大きな障害である。大半の人々がローンや貯金という安全な資金管理で銀行を利用できない。加えて、マイクロファイナンス制度は、不安定な生活と滞在許可書や担保がないため、一般に難民にローンを貸したがらない。都市難民の中には、非公式の回転資金や信用組合を自分たちの社会の中で作ったりする者もいるが、入手可能な額は事業には小さすぎる傾向がある。銀行から借りられず、高利貸しから借りて、借金地獄に陥ることもある。

そのような状況の中で、実際に現場で援助に携わるＮＧＯの活動は重要だが、声高な難民の労働権の主張は戦術的に避けねばならない。ホスト政府が難民への労働権付与に尻込みし、反対さえする中で、エジプト政府のように労働を黙認しているところでは、難民の権利を主張することは裏目に出るかもしれない[24]。

人権を守る組織としてのＵＮＨＣＲは、難民・庇護民の労働権の確保のために、特に途上国では首相、大統領等の高い段階で政府と交渉すべきだと提言するＮＧＯもある。ＵＮＨＣＲに対してはまた、事態の改善のために、ホスト国の既存の法律や司法制度を使って、難民に労働市場を開くよう、地元の陳情活動団体との協働も提言されている[25]。

6　おわりに

都市区域に移動した難民は、全体として学歴が高く、人的な資源を持っている。ウガンダ・カンパラでは、都市難民の多くが教育を受けた都市居住者であった。インタビュー・サンプルの七〇％が、逃亡前に中等教育を修了したか、その途中であった。三〇％の人は大学卒業資格を持っていた。彼らは、学者・研究者、教師、エンジニア、音楽家などであった[26]。教育を受けた若年層は亡命中、庇護国で肯定的な貢献をする傾向があり、一方年齢が高く学歴の低い人々は、公共福祉に依存する傾向がある。

一般に移民は、教育や技術の点で自分たちとは異なる地元民に肯定的な影響を与え、逆にそれが重なる地元民には否定的な影響を持つと信じられている。換言すれば、新着者が地元民への競争者ではなく、補完的である時、移民による影響は一般に有益である。他方、移民が地元民やその他の人々の代役なら、その影響は直接競合する人々には否定的である。

理論上では、移民は他の移民の労働の代替になる可能性があるので、既に国内にいる移民に最も大きな影響を持つ。庇護民はもし彼らが、同じような教育と技術的な特徴を持って入国したら、彼らに否定的な影響を持つかもしれない。

しかし、一九八〇年のキューバ・マリエル港からのキューバ人の緊急の大量流出の際のアメリカ・マイアミでの労働市場の影響調査（一九九〇年）では、入国したキューバ人はマイアミの労働人口を七％増加させ、非熟練労働力をさらに増やしたが、それ以前に移民したキューバ人を含め、賃金や雇用にほとんど否定的な影響を与えなかったと言う。[27] マイアミの労働市場は、キューバ難民の大きな波に繰り返し適応し、市場は吸収能力があった。しかし、アメリカ人や他の移民の他州からの移動は鈍化した。

庇護の影響を理解するには、まず第一に、他の種類の移民から庇護民を分離することが重要である。原因国からの全ての移民と難民を混ぜてしまうことは、今日の多くのホスト国を特徴づける反移民感情をたきつけ、難民について、広く世論の混乱をきたしてしまう。一般の人々には、難民と他の移民の間の区別が難しくなる。そして難民、いわゆる「真の難民」(genuine refugees) にはいくらかの同情があっても、外国人嫌いになってしまう。

第二は、滞在する国際移民の数である。都市難民の隠れて周縁化された状況は、正確な人数の推定を難しくし、各関係機関の発表する数字には、限界と課題がある。政府や政治団体の統計には、特に注意が必要である。一九八〇年代以降、例えばＯＥＣＤ諸国では移民数は一般に確実に増えてきたが、庇護民の移動数は上下してきた。影響力は、国際移民の中での庇護民の割合によって変化する。しかし庇護民が国際移民のかなりの割合を占める国でさえ、国民の割合に比べれば全体としての数は小さい。結果として、庇護民は人口構成への比率、労働市場や社会への他の影響が、全体として少ない場合もある。

影響をはかる測定可能な指標は、難民申請の審査や彼らの勾留・世話にかかる納税者の費用である。政府はこれらの費用に不満をもらすが、関係資料がほとんど入手できないため、実際の数字はわからない。

しかし今日、疑いもなく、人災、自然災害による避難の人々の都市区域への移動が益々、グローバルな現象になっている。将来の災害の多くは、都市区域で起こると見られる。物的インフラの存在、これは人を都市に引きつける要因の一つだが、逆に生活の質を制限する要因にもなる。新規の流入者は、都市周縁部の不適切な住居に住み、ゴミの収集もなく、飲料水や下水設備もない。区域につながる道路は貧弱で、公共輸送機関も限られる。難民キャンプよりもはるかに劣悪な生活環境の場合も多い。

庇護申請を拒否された人、不法に居住する人は、UNHCR等の援助からは除かれ、彼らはUNHCRの資金援助を受けていない、独立の宗教組織やコミュニティ組織からの助けに頼っている。

多くの都市では、政府が人の流入を公に抑制しており、流入を管理している。難民、不法移民の大半は貧しい人々だが、彼らの要求をみたす政策や規制に一貫性が乏しく、抜け道も多い。政策の実施にあたっては慎重に注意をはらう必要があるが、地元の善意は常に重要な要因なので、育成されるべきだし、政策の中に含められるべきであろう。

都市難民は、もし彼らが法的制約や嫌がらせをうける危険がなく生産的な生活ができれば、都市にとって非常に利益となる。ホスト国は、品質の高い難民認定制度を持ち、時宜を得た正確な原因国情報を入手し、疑わしきは被告人の利益の原則を適用すべきである。旅行文書、労働許可証や身分証明書（顔写真付き）を与えることは重要である。難民は多くの場合、ホスト国の当局や専門職能組織により専門資格が認められていない。例えば、南アフリカでは深刻な看護師不足があるが、何百人という難民看護師は資格を証明できないため、失業状態にある。そうした書類を認めるよう担当の官吏を訓練する必要がある。(28)

ホスト国はしばしば、援助はキャンプの難民だけに与えられるべきだ、と言う。こうしたホスト国の難民政策を変えるためには、人道機関は政府の意向を受け入れねばならないという困難さがある。ＵＮＨＣＲはますます、地域社会を基盤としたアプローチを採用し、難民の自立に焦点を合わせている。例えばキャンプと同じように、計画実施のパートナーであるＮＧＯを通じて、保健医療、初等教育、いくらかの職業訓練、そして場合によっては現金援助かマイクロクレジットを与えている。しかし近年は、ＵＮＨＣＲからもＮＧＯからも援助量が下降している。難民数の増加と、資金の減少による財政的逼迫があるためである。

人の国際移動は、まだ多くの都市にとって主要な問題とはなっていない。国際移民の現象は、移民と受け入れ社会の双方に、社会的、経済的便益をもたらすかもしれないが、政治的な議題として論議されることはない。都市難民の場合には、ホスト政府や地方当局にとって、政治的な優先度が低くなる。

都市で、難民や庇護民を保護し、解決策を見出すことは、政府、ＵＮＨＣＲ、ＮＧＯにとって、決して簡単な仕事ではなかったし、問題はまだ継続中である。ＵＮＨＣＲはこの問題で、明確で包括的な政策をとってこなかったが、近年手をつけ出したところである。現在、都市難民は一般に、食料配布、無料の子弟教育、定住計画への斡旋のような、キャンプで難民が得られる公的援助が利用できていない。ＵＮＨＣＲが都市で扱う事例はまだ一般にかなり小規模で、都市滞在が特別に許可された人々が対象である。その他多くの人が入手可能な人道援助は通常、不十分で、政府の計画で与えられるものはほとんどない状況が続いている。

二〇〇九年のＵＮＨＣＲの都市難民政策が実施中だが、何かを変えたのか。今後はその評価が必要であろう。その際ポイントとなるのは、以下の諸点であろう。都市難民は、地方当局から受けた外国人ゆえの障害とどう向き合い、どんな影響をコミュニティにもたらしたのか。法的地位や難民政策のどのような違いが、都市難民のために作りだされたのか。ホスト政府が彼らをキャンプに留めたいと願う時、難民を支援する上でＵＮＨＣＲが直面する問題とは何か。ホスト国の今あるインフラと労働市場への難民と庇護民の影響とは何か。教育、医療、住居のような社会サービスへのアクセスはどうか。増え続ける都市難民と都市避難民への解決策とは何か。都市難民については、多くの点が不明であり、未解決のまま課題として残されている。

第7章　支援と自立
――つながりと架橋――

庇護は、難民・庇護申請者（庇護民）により、目的地とされる多くの国々が直面する、最も論議のある移住問題の一つである。庇護民と地元民の間で、地域社会的に摩擦が起こるほかに、新着者への国民の意識に影響を与える。オーストラリアのような伝統的な移民国でさえ、少数の庇護民の存在が、選挙の票目当てに移民に対し強い立場をとる政治指導者にたきつけられて、国民の広い反発を引き起こしてきた。しかし論議は引き起こすものの、それは庇護民の実際の数や、受け入れ国（ホスト国）への財政的、経済的な衝撃とはほとんど関係がないように見える。

他方、ボスニア人やコソボ人のように、特に逃亡の状況が人々によく知られ、難民として彼らを受け入れることがホスト国の政治に合致する場合は、たとえ庇護民の数が大量であってもホスト国で歓迎されてきた(1)。

現在は、難民援助へのドナー（多くが先進国）の支援が減る中で、ＯＤＡの額は下降し、多くの貧しい国や不安定な国への経済規制政策と相まって、難民への否定的な態度は強められ、難民への敵意を生んでいる。紛争直後の国家の潜在的に脆弱な状況の中で、帰還計画を過度に急げば、問題解決となるよりも逆に緊張を作り出し、事態を悪化させてしまう。

このように原因国の状況への対応が現実にはなかなかうまくいかず、難民や避難民は帰国できずにいる。他方、難民を抱えたホスト国へのドナーの関心は薄れ、援助の額も下降気味である。ホスト国は、管理のために難民をキャンプに押し込めるが、難民の一部はキャンプを出て、既に人口が密集した都市区域に避難している。現場での解決策はなく、問題は袋小路に入ったまま放置されている。ＵＮＨＣＲのような人道機関は、国際的な平和と安全を保障する責任を持つ主体（例えば、安全保障理事会）の不作為・無作為の埋め合わせをさせられている。人道機関は、彼ら難民のいる都市環境への適応を助け、彼らの生活のために仕事を見つけるべきではあろう。しかし、状況は非常に複雑で変わりやすい。先進国ではこれらの課題は大半が満たされている。しかし、アジア、アフリカのホスト国では、政府は部分的に法的義務を果たすが、政策を正しく実施しなかったり、難民への責任を放棄[2]して、ＵＮＨＣＲやＮＧＯにまかせてしまう。

難民・庇護民への否定的な反応は、彼らと地元民ないし先に居住した人々の間に、基本的な文化・言語の違いがある時に起こる。両者に軋轢が起こるのは、難民の行為が地元民・先の居住者には不快で、心を乱すと見られる、集団間のある種の誤解からかもしれない。なおアメリカでは、地域社会の緊張は少数者集団の間で起こる傾向があり、欧州では多数者集団と新着集団の間で最も強く現われる[3]ことが知られている。

都市の難民は、地元民と他の外国生まれの移民という、既に存在する二つの集団の中で生活せねばならない。彼ら難民は、地元の貧民の一部であり、これらの集団の中で生活し、課題を分け合っている。しかし、難民はこれらの二つの集団とは重要な点で異なっている。すなわち難民は、①個人的に暴力、拷問、人権侵害を受けるか見聞きすることで、肉体的・精神的な問題を抱えていること、②難民条約上の保護と援助が理論上与えられること、である。

都市では難民は、新着者を支援する社会的な連絡網や同胞の民族社会が利用できるかもしれない。それは新着者に社会への適応プロセスを始めさせる。難民は、権利が与えられ、自身の生活を営むことが許され、生産的な生活を追求できるなら、自分たちの住む都市に肯定的な結果を期待できる。ＵＮＨＣＲや他の援助組織は大した資金を使うこともなく、ホスト社会に不利益になることもなく、彼らの脆弱性を改善できる。これは難民研究では良く知られた結論だが、実行に移すことはそれ程簡単なことではない。

現在、ＵＮＨＣＲとＮＧＯは、難民の都市区域での保護と基本的サービスを実施し、自立の推進のために新しい援助の形を見出そうとしているが、ホスト政府の法律とＮＧＯのサービス供与は、二〇〇九年にＵＮＨＣＲが改定した都市難民政策と歩調を合わせる形で進んではいない。ホスト政府はしばしば、難民に労働する権利、あるいは家を借りるのに必要な居住許可権を与えていない。

ホスト国（特に途上国）の都市区域での難民の生活問題について、沢山の研究があるにもかかわらず、どのような人道事業が効果的で、難民は自身でどのような生計戦略をとっていて、どこに計画で介入すれば良いのかが、まだ不明である。

1　困難な中での生活再建

難民の中には資産のいくつかを完全に持って逃亡する者もあるが、大部分の人々はそうではない。避難・逃亡の次に人は、問題の究極の解決のために、人的、財政的、社会的な資産の再建に集中せねばならない。適切な住居を見つけることが最も差し迫った問題であるが、その大半は貧弱なものである。難民家族の人数は平均して、ホスト国の家族の人数よりも多い。家族、友人と住むための住居を見つけるが、多くの場合、無人の建物にひどい状況の中で住むことを強いられる(4)。スラムや都市郊外に一時しのぎの掘っ立て小屋を建てる。不潔な衛生状況、過度の密集のため、健康上のリスクが高まる。

貧弱なインフラとともに、住居の立地条件の悪さから、仕事に出かけたり、基本的なサービスを手にするまで長い時間、移動せねばならない。居住場所として職業機会のあるところよりも遠隔地が選ばれるなら、難民の職業入手や基本サービスの利用は困難かもしれない。交通費もまた、経費がかかるので、サービスの利用を妨げる。外出して危険にあうことを恐れる気持ちと、バス代、タクシー代が払えないために、自分たちの居住地区に留まらざるを得ない。その結果、彼らは自分の住む非常に限られた地区内に自分たちを閉じ込めている(5)。

都市の難民は、借家料が払えなかったり、家主との交渉上の弱さという問題がある。難民は、近隣での嫌がらせや安全への懸念から、しばしば頻繁に移動する。一つの住居から他の住居へ頻繁に移動することは脆弱性の証である。

都市では、「強制追い立て・立ち退き(6)」という第三の避難がある。強制立ち退きが起これば、住居の喪失、ホームレスという問題をこえて、避難のたびに、物理的な危険にさらされ、築き上げた生計、社会資本、教育、保健に否定的な影響を受ける。

2　逃亡は生計戦略の一つの手段か

多くの人々にとって、移動は選択であるよりも必要物である。移動は生命へのリスクを回避する一方で、一層貧困を増すかもしれないが、他方で生活の崩壊を防ぎ、その衝撃への脆弱性を減らすかもしれない。しかし誤解を敢えて怖れずに言えば、逃亡避難での移動自体は、当事者の観点からは、最も重要な問題ではないかもしれない。全員が生命・迫害の危険から移動・逃亡するのではなく、それは自分たちの福祉を高めるためや、生存のために使う様々な戦略の一つにすぎないのかもしれない。ただそれは、その時点で他の戦略に比べ、相対的に重要なだけなのかもしれない。人々の生活に影響する要因は時の流れとともに変わり、その時点で優勢な要因が、生活に大きく影響を与えるのかもしれない。

例えばイラク人の移動は、難民移動の型、国外の民族社会の規模・構成、旅程がアラブ諸国をまたいでおり複雑である。多世代にわたって、イラク人は、企業家、専門職、学生、巡礼者として移動を続けてきており、また難民としてヨルダンのアンマン、シリアのダマスカスのような都市に落ち着き、イラクとの連絡を維持してきている。そうした民族社会の中で、誰を〝難民〟と数えるべきかという問題は、域内各国政府の見方が異なり、さらに複雑さを増している(7)。

彼らイラク人の移動の型や力学は非常に異なり、複雑で状況により形成される。この力学を特定の文脈で理解するには、人々の移動の決定や生計とつながった戦略に直接影響を与える、草の根段階の相互作用を見なければならない。

その際、ミクロからマクロの段階で、特異に変化する権力関係を理解することは、これらの戦略に影響する政治的、経済的関係とプロセスを関連づけて移動戦略の相互関係を見る上で重要である。政治危機や経済開発のようなマクロと中間レベルの変化は、地域の政治経済変化を引き起こし、これらの機会と制約に人々が絶えず適応するよう促している。人々の生活戦略と、経済的、政治的、社会的、環境的な変化への対処方法は、肯定的であれ否定的であれ、場所、相対的富裕度、安全性、血族の構造、その他の非公式制度、地方自治の状況と社会ネットワーク、土地、食糧、道路、市場、水、その他の資源の入手の可否のような広範な要因に依存している。移動を見るには、地域の政治経済、生計、個人的な歴史の分析とともに、個々の移動戦略を分析しなければならない。

移動はそれぞれの世帯にとって、非常に異なる意味を持っている。土地を持たない世帯は季節はずれの農閑期には日々の必要に応じて移動する。貧しい世帯にとって、移動は生存への決定的な対処戦略であり、彼らにとっては防御的な生存戦略である。一方若干富裕な世帯は、貯蓄や投資目的で移動を行なっている。

スリランカ、アフガニスタン、ソマリアのように紛争が長期化した時には、家族の地理的な分散・分裂は、全体として、世帯の対処戦略、生存戦略となる。しかし時には、老齢者、病人のような世帯員は、息子、娘と離れるので、もし送金で埋め合わせられなければ脆弱性にもなりうる。多くの貧しい家族は、移民した家族の送金に大きく依存している。

都市で生活している難民の大半は、他から与えられた人道援助ではなく、むしろ与えられる援助が不足するにもかかわらず、そこで生活している。多くの難民家族は、食料、住居、衣服という基本的ニーズだけでなく、予期しない出来事や財政的圧迫に備えて、親、年長の子供など、家族全員の多様な収入で暮らしている。貧しい難民の多くは、子弟を学校に行かせず、最小の授業料や関連費用（制服、本、文具）でさえ、節約する。日々の食事を一度にする。[8] 人々は、生存対処戦略で、リスクを最小化し、経済的立場を強め、福祉の機会を増すための行動や暮らしをおくっている。

経済的な対処戦略は、その都市での民族の別やおかれた状況・文脈が異なり、得られる機会や社会経済的環境が相当に違うので、著しく異なっている。対処戦略は、基本的な生活必要物（食料、水、住居、そして保健医療、教育）を満たすための多くの活動に関わっている。戦略は肯定的に捉えられるもの（安全、合法）と否定的に捉えられるもの（危険、健康に有害）がありうる。都市の難民は、収入、住居、食料を手に入れるために、多様な活動をしている。しかし共通するのは、正規の職種に就くことが厳しく制約されるので、職は非正規、場合によっては不法の労働形態となることである。

ヨハネスバーグでは、合法的に職に就けるが、差別、外国人嫌いと厳しい競争率が、彼らが正規の職業に就くことを妨げている。カンパラでは、労働許可が一時的で不確かで、職の機会が限られる。ニューデリーでは、非正規分野での労働は黙認だが、公的な労働は禁止されている。そのためニューデリーでは多くのビルマ・チン族難民が、規模の小さい不法工場で仕事を見つけている。彼らは工場主の家の戸口に行って、仕事をくれるよう嘆願している。仕事がもらえると、すぐに友人や家族の他のメンバーに同じ雇用主を紹介する。多くのビルマ人の若者が仕出し屋や結婚式関連の給仕で働いている。[9]

都市の難民はめったに、経済活性化と成長に寄与する資産とは見られない。一九九〇年代のイギリスの調査でも、難民の持つ技術が十分に利用されてはいなかった。イギリス難民評議会の統計では、ロンドンの難民の七〇％が一九九〇年代初め、失業していた。[10] こうした事態は、ホスト国にとって熟練、非熟練の労働不足を満たしたり、新しい技術や才能をもたらすことにはならない。

実際上、都市難民は、差別、物理的な人権侵害、恣意的な逮捕・勾留の脅威、そして雇用主の搾取など、多くの問題を経験している。難民と庇護民といった法的地位の違いもほとんどない。支援がない中で、都市難民は生活のため、否定的な対処戦略として、物乞い、時には暴力、売春などの犯罪行為を生計手段としている。

事態の改善のためには、多くのことがなされる必要があり、またなしうる。難民の緊急ニーズに応え、機会を開くことである。難民はしばしば多様な技術を持っており、それは将来の平和構築や開発活動にとっても重要である。難民キャンプに難民を閉じ込めることは、彼らが地域開発や国家建設に貢献することを妨げてしまう。

個々の難民は他の行為者の差別や搾取に、極めて脆弱である一方、難民個々人は移動過程の中で、かなりの力量・才能と管理を働かせている。生活はその日暮らしで、社会の周縁部にいるものの、大半の難民は、高度の強靭さをしめしている。「強靭さ」とは、時として大きな困難に対して、生存するために何とかしてやりくりし、自身や家族を養う能力のことである。しかし、回復のためにとられる経済的な対処戦略は、必ずしも安全で利益があり、社会的にも個人にとっても肯定的なものばかりではない。特に女性や若者は、危険度が高い職種や、性搾取的な労働、不法労働に従事している。

難民には仕事にまつわる知識や技術を改善したいという高い希望と欲求がある。人道援助なしに自分の才覚で生き残ることを余儀なくされても、都市の難民はホスト社会からの援助に頼ったり、経済負担になることはない。むしろ地元経済を活性化し、隙間の市場を開拓する可能性を持っている。ギニアでは、難民に森林の開墾を許し、難民はその後、コーヒー、ココア、その他の換金作物を植えた。難民の存在は、環境への負荷というより、社会関係への動的な触媒とみられた。(11) 街頭商いは、ヨハネスバーグの貧民や難民にとっても主要な経済活動である。同地では、難民・庇護民の約七五％が経済活動に従事し、そのうち約五〇％の人々は小商い、臨時雇い、自営のような多様な生計戦略を同時に行なっていた。ニューデリーでは、アフガニスタン人男性や何人かの女性が、カブールから空路でやってくる、治療が困難な患者の通訳として、私立病院で働いている。またインド在住の難民の中には、簡易売店、パン屋、麺店のような小さな商売をしている者もいる。また何人かは、インド人や外国大使館の家事使用人として働いている[12]。

彼らが都市に対して行なう経済的、社会的貢献については、今や多くの証拠がある。都市経済において彼らは、特に途上国のホスト国で、農産物を作り、安い労働力を提供し、生活必需食品を販売する地元の物売りの収入を増やしている[13]。

人的、財政的資産の重要性が広く理解される一方、近年非常に明らかになってきているのは、人々が相互に作用する社会的な連絡網の存在である。例えばナイロビでは、政府が難民キャンプ外での生活を許可していないにもかかわらず、非正規の市場が活況を呈し、ソマリアとの家畜交易が国境を越えて拡大している。連絡網は、地域社会を活気づけ、市場を拡大し、新しい技術をもたらし、国境を越えたつながりを作り出している。

難民研究者は、難民はホスト社会の利になり、この利益は、難民に働く権利が与えられ、自由な移動が許される時、そしてホスト社会に統合されるのが許される時、現実になるとする。都市難民は自身を支え、そうすることでホスト社会の経済に貢献していることは疑いがない。都市難民についての知見を早急に確立し、彼らの自立達成のために、可能な経済戦略とアプローチを見出すことが重要である。

3　曖昧で脆弱な現実

現在得られる政府の都市難民の公式の数字は、援助や政治的な支援を獲得する道具としては価値があると見られる。しかし推定される数字が、過少もしくは過剰と思われる場合も多い。例えば、シリア、ヨルダン、レバノンのイラク人居住者の数字は、近年の大量避難の期間中、繰り返し国境を越えた人々を、入国のたびごとに、〝特異な〟個人として入管では記録している。加えて、国境のある場所では、イラク人全員が入国の際数え上げられるが、出国の際は家族数だけが数えられている。(14) 各国のイラク移民の数字には、注意が必要である。

また都市区域に住む〝自主定住〟(self-settled) の難民を正確に数え上げることは非常に難しい。イラク、シリアからの多くの難民は、住み着いた巨大な都市の市街地を横断して、広範に散在している。人々の中には、自国政府からの脅威と、敵対する自国の政治党派に見出されるのを怖れ、ひっそりと暮らしている者もいる。彼らはまた、ホスト政府や国際援助制度は、彼らを不安定で危険な自国へ帰還するよう強いると信じている。

しかし近年、研究者の努力で、居住数の〝最良の推測〟を行ない、生計対処戦略を明らかにする革新的な方法が模索されている。それによれば、地域の難民コミュニティの規模の推定において求められるのは、まず部分的な絵を作るために、出所の異なるデータをつなぎ合わせることである。地域データが全ての都市で入手できるわけではないので、常に可能なわけではないが、調査側は、推定の精度を上げるために様々なデータを集めることが重要になっている。

生計での対処戦略を調べるためには、各個人を富裕度に応じ上から、「蓄積」、「適応」、「対処」、「生き残り」

の四段階のグループに区分する。各グループに属する人々は、それぞれ異なる技術や資産を持ち、異なる時期に異なる計画とサービスを必要としている[15]。

①「蓄積」のグループに属する人々は、財務知識についての助言が必要。
②「適応」のグループに属する人々は、職業訓練や専門的訓練、マイクロクレジットの助言が必要。
③「対処」のグループに属する人々は、財務知識、マイクロクレジット、職業訓練、語学クラスなどが必要。
④「生き残り」のグループに属する人々は、条件付き補助金、職業訓練、社会心理カウンセリング、生活技術と語学クラスが必要。

以上はあくまで参考基準であって、実際の場面では個人に応じてカウンセリングを入れるなど、内容を組み換える必要がある。

脆弱性は、上記の四グループでそれぞれに異なる。「対処」、「生き残り」と分類される人々は、難民グループの中で最大のグループである。彼らは住居を頻繁に変え、一日の食事回数が少なく、保健サービスを不規則に利用し、借金を重ねる。収入は不安定で、予測できない。豊かな「蓄積」グループの難民は、数の上でははるかに少ない。〝何とかやりくり〟の「適応」グループは、その中間である。

脆弱性は、民族によっても異なる[16]。ニューデリーでは、ビルマ・チン族の女性が性による暴力を最も受けていた。一方、ビルマ・チン族の若い男性は、危険で搾取的な労働に就く傾向があった。ソマリア人は、皮膚の色、衣服、宗教による差別を非常に受けている。女性が家長の家族の場合には、生計は最も絶望的で、生活のためU

NHCRの給付金に依存するのみである。アフガニスタン人、特にヒンドゥー・シークのアフガニスタン人の生活は最も良い状況にある。仕事が手に入り、同族の相互扶助協会から社会・教育サービスが受けられる。

女性、子供等の社会的弱者は、今ある生活資産や能力を使う上で困難がある。彼らは紛争中、暴力にあい、強姦や誘拐の危険がある。逃亡中、彼らは虐待と搾取にさらされ、都市到着後は性的暴行の対象になる。都市での彼らの存在はとりわけ脆弱で、彼らへの収入創出活動のないことが暴力や人身売買を助長している。経済機会がないので、多くの難民は生活のため、セックスを取引に絡ませたり、売春をしている。

南アフリカでは性暴力の被害が大きく、性暴力と外国人嫌いが難民の脆弱性に影響する主要な懸念材料となっている。庇護民・難民の女性はしばしば性暴力の対象とされ、性暴力は女性と子供への大きな脅威となっている。彼らは、仕事に出かけたり、公共の乗り物の中、街頭や蚤の市で商品を売るたびに、性的嫌がらせと暴力の危険にあっている。彼らの経済活動と収入は大きな影響を受ける。彼らをこれらの暴力から守ってくれるものが何もない(17)。

ウガンダ・カンパラのコンゴ人女性の主な収入獲得手段は、コンゴの伝統的な布織物や宝石を戸別訪問で売ることであるが、この活動の中で多くの女性たちが性的被害にあっている。コンゴ人男性や青年は建設現場で働き、日銭を得ている。レンガを運び、セメントをまぜ、泥をシャベルですくう。カンパラでは、多くのゲイやレズビアン難民が自社会からもホスト社会からも追放されている。セックス産業は彼らには唯一の生活手段だという。カンパラには反ゲイという政治風潮があり、彼らは逮捕と勾留の怖れがある。法的保護がないため、顧客との費用の支払い、身体に安全なセックスを求める交渉でも弱い立場にある(18)。

弱者の問題は、家庭内暴力、拷問経験、強姦、人身売買のような暴力の心理的・物理的な乱用・被害を含んでいる。同様に、文化的阻害要因（性別役割）や社会的制約、託児所がないことによる社会的・家族的な制約がある。託児所や社会連絡網を強める機会となるコミュニティ・センターは生活への支援となる。

機会が利用できない、単身の子供、片親家庭、高齢者、虚弱者、そして農村出身者に対する、彼らへの都市での援助計画は、都市環境に太刀うちできない人々に、人道援助をすることで、不十分な部分を補完することができる。

人道機関はホスト政府に、カギとなる計画で難民を排除することは、彼らの社会的疎外をますます進めるということを、とりわけ地方政府に認識させる必要がある。県や市の段階で、彼らが難民・庇護民への責任を果たせるよう、地方政府と企業とが協働すべきである。分権化で地方政府はますます、保健、住居、治安、職業開発に責任を持つようになっている。これらは難民保護の重要な要素であり、人道機関は難民が計画の中に含まれるように促すべきである。人道機関、特にＵＮＨＣＲは都市難民の保護における課題を認め、施策の効率性を監視するために、地元の援助団体と双方向での意思疎通を行ない、一層緊密に活動することが必要になっている。(19)

4　能力開発と教育機会

人的な資産、特に学識と以前の職業経験は、一般に肯定的な影響力を持っている。学歴のある難民は、値段は高いが安全な場所と質の高い住居を選ぶ。しかし学歴が高くても労働市場で職を得るのは難しい。ホスト国が彼らの証明書類を認めないためである。また学歴が低く、技術を持たない難民が非正規の労働市場で職を得ることは可能だが、学歴のある人は非熟練労働を嫌うし、できないことがある。

難民が転用できる技術をほとんど持たないなら、職を得ることは難しくなる。個人経営の難民を含め、難民は財政に関する知識能力が非常に低い。難民が経営する事業では、ほとんど全ての難民が経理を記録していなかった。大半の人々が、〈総売り上げ〉対〈純利益〉や、収入が実費にあうかどうかをほとんど知らなかった。多くの場合、難民の支払った経費が収益を大幅に上回り、月末には借金したり、支払いを何ヵ月か延ばしてもらっている。[20]

しかし逆説的だが、〝難民になる〟ことは特権的地位を持つことでもある。人的な強みを身につけるため、教育を受けたり、訓練機会を利用できるよう援助を受けることができる。援助側ができることは、ホスト国の職業訓練計画を見つけ、それが難民に利用可能か調べることである。既にある職業開発サービスを見つけ利用できれば、難民の財政的な能力や企業家としての技術が習得できる。

職業訓練コースを修了した人々は、賃金労働か自営業を始めるので、職への促しは重要である。賃金労働の人なら、語学コースと職業知識が、職業斡旋計画に結びつけられる必要がある。雇用主への助成金を通じ、難民雇用を促すこともできる。[21] NGOの事業に難民を雇用することもできる。難民には、事務、管理、会計その他を任せることができる。[22]

自営業なら、起業訓練に加えて、徒弟制度、マイクロファイナンス等、関連する助言が必要である。事業を遂行するには、民間部門との協力が欠かせない。既に事業を始めている人には、生産効率を上げる技術支援や助言が必要である。マイクロファイナンスでの企業支援と結びつけることもできる。

いずれにしろ、今あるマイクロファイナンス制度に、ローン、貯金、保険が利用できるよう信頼をあたえられるかが重要となる。マイクロファイナンスは良く知られた産業で、通常マイクロクレジットと貯蓄機能が言われるが、マイクロ保険のような他の金融サービスも含んでいる。難民同士の連絡網を通じて、難民集団が独自に伝統的なやり方で資本を運用する、コミュニティ・ローンを組み入れることも可能である。

職業訓練は、労働市場のニーズに適合した目標がたてられ、効果的に実施され、正しく評価される必要があるが、効率性を比較するために特定の計画の影響評価のデータ収集をすることも大事である。

全ての難民にとって、生計手段の次に最も求められるものの一つは、子弟教育である。初等教育は一般にキャンプで受けられるが、都市では授業料が非常に高い。カンパラでは、UNHCRに登録されていないとホスト国ウガンダの教育制度からは除外される。学齢期の難民児童の約半分は学校に行っていない[23]。

中等教育は、難民キャンプよりも都市区域で広く受けられるが、言語の壁のほかに、働かねばならないため、通常の時間帯では通えない。都市では物価が高く、難民家族は、月々の支出をまかなうために、多様な収入経路が必要である。難民青年、特に男性は勉学よりも非正規の職場で働いている。女性は家にいて、家族の雑用や子供の世話をする傾向がある。仕事をしながら学ぶという機会はほとんどなく、非正規の教育機会があっても、仕事時間とぶつかる傾向がある。

大学等の高等教育は高価で、大半の難民の財力を超え、機会は極めて限られる。ニューデリーでは大学に入学する難民は、外国人学生の料金を徴収され、インド人学生の何倍も高い。都市難民はしばしば学歴も高いが、授業料の高さで、その子弟は両親よりも学歴が低くなりやすい。

援助機関は事態の解決のために、地元組織と共同して、難民の知識や能力を開発したり、専門技術を高めたり、教育を受けることができるようにすることで、難民が信用を得られるよう働きかけることができる。その際、難民専用の特別の信用組織、学校、医療施設といったものが、ホスト国の同様な制度と重複するのは避けねばならない。

5　社会資本
――社会ネットワーク――

難民の生計では、人的資本、財政資本、そして特に社会資本が重要である。難民は既に都市に生活している同胞からの支援に依存する。この支援は、しばしば「社会資本」と呼ばれるもので、物的・情緒的支援、助言、雇用へのつながり、資金供給網が含まれる。社会連絡網（ネットワーク）は、住居、仕事の入手につながるだけでなく、福祉サービスやその機会についての情報の重要な源である。連絡網はまた、難民が直面する危険を和らげている。連絡網は、難民の保護と生存に役立っている。

難民はこれらの連絡網を、自身の移動を決定する際におりこみ、特定の目的地を選んでいる。カナダに移住するソマリア人は、大きなソマリア人社会のあるトロントを選ぶ。彼らはさらに、自分が属する部族を頼って、トロントの特定の場所を選ぶ。新着者に対して、同族社会は住む所をしばしば無料で与えている。

カンパラのソマリア人社会では、事業に成功したソマリア人が同じソマリア難民を雇い、次いで雇われた人々は、同じコミュニティ内の最も脆弱な人々に食べ物と資金を援助している。難民は自助するだけでなく、コミュニティとしてのまとまりを強めている(24)。

カンパラとヨハネスバーグのソマリア人は、強い社会連絡網を持っており、彼ら同族の中の最も弱い人々には、モスクや幾分豊かな個人が食料や賃料を出している。カンパラのソマリア社会では、商いの際には自分たちの社会内で資金を融通しあっている。ヨハネスバーグでのソマリア人は、コンゴ人やジンバブエ人よりも強い社会連絡網を持っている。ソマリア人居住区メイフェア（Mayfair）には彼らのショッピングモールがある。(25)

同じソマリア人だが、ニューデリーでは社会が小規模になり、国境を越えた商業網は不明瞭になる。加えて、ソマリア女性が家長になっている場合が多く、大半の人々は基本的な生活物資をＵＮＨＣＲからの援助に頼っている。(26)

社会資本を増すために、難民は自分たちの民族コミュニティを超えて拡大しようとする。カナダ・バンクーバーでは、新着のインドネシア・アチェ人は他のアジア人コミュニティにモスクへの礼拝やスポーツ行事を通じて働きかけ、社会連絡網を作り上げている。(27)

社会資本は、地元の友情や慈善団体、慈善的な心を持つ個人を通じて作られる。具体的には、難民の相互扶助組織や宗教組織を媒介にして、非公式にローンや貯蓄で難民を助けている。これらの形は、人口密度が高く、全ての資源の利用が可能な都市で発展する。社会資本は、他の資源を利用する上でカギとなる「政治資産」を含んでいる。政治資産とは、組織能力、指導力、集団の代理権、制度の運用能力である。政治資産はまた、原因国での政治的立場と関連している。

社会資本は互いに近くに住むにしろ、移動の際にしろ、難民の保護に役立つだけではなく、ＮＧＯのサービスを届けたり、雇用機会や住居についての情報を伝達するための最も重要な源である。難民は緊急の時や経済的に資源が不足した時、ここで他の難民から金を借りる。社会資本は貧しい人々が、危険と脆弱性を乗り越える上で極めて重要である。事実、強力な社会連絡網／社会資本は難民の最も価値ある資産である。

ネットワーク研究では、ともすれば移動に影響を与える他の様々な要因の相対的な重要性を調べることなく、移動ネットワークの重要性を経験的に描く傾向があるが[28]、社会連絡網は、特にホスト国が途上国の場合、仕事を確保し、機会を得る上で重要な役割を演じている。これらの草の根での連絡網なしには、難民は労働市場の周縁部に留まる怖れがある。

6　コミュニティ再建と生計支援計画

難民コミュニティ集団の孤立化は、アフリカの都市難民に見出せる。都市その他に滞留する難民への解決手段として、UNHCRは二〇〇〇年代初めの一連の会議である「コンベンション・プラス」(Convention Plus) の中での中心要因として、「包括的行動計画」(Comprehensive Plans of Action, CPA) を打ち出した。UNHCRは一九八〇年代からCPAを使ってきたが、その目的は、解決への速度を早めるために、滞留する難民の状況へ、国家と人道機関の関心を集中させることであった。

コミュニティ関連の事柄は、解決策が永続性を持つための重要なカギの一つとして強調される。避難はコミュニティの結束を破壊し、信頼と付き合いが崩壊し、コミュニティの全ての資源が使えなくなる。

避難先のコミュニティでその構造を再建することは、難民たちにとっては、自分たちを守る仕組みを開発し、避難という事態に対し、解決を求めることである。他方、援助者にとっては、解決策が十分価値あるものとなるかどうかは、実施される手段とプロセス次第である。これは政策や計画を評価する基準をどう選択するかや、自身の解決策を見出そうとする難民の役割の認識に関わってくる。

UNHCRにとって、コミュニティを基礎としたアプローチ、そして難民集団との連携と難民自身の参加は、

UNHCRの新政策の中心部分である。難民自身は、彼らへの資金提供がなくとも、自立支援を目的とするコミュニティ構造を作り出す。UNHCRが提供する援助の内容の問題はあるが、明らかにUNHCRは難民自身のためにこれらの必要物を支援することで保護と自立を促せる。慈善モデルから自立モデルへ転換することについては、地元民、難民双方のために働く援助団体の間で合意が見られる[29]。

都市難民への生計計画は、難民の持つ既存の技術、知識、資産、難民社会の経験といった多様な組み合わせを考慮せねばならない。生計計画は並行・重複を避けて、地元民と外国人（難民、移民）を対象としたアプローチとならねばならない[30]。その理由としては、①ホスト政府にとってそうした計画は好ましく映る、②職業訓練のような技術習得の場で、地元民と外国人を一緒にすることは、連絡網作り、潜在的な協力、地元理解の向上、そしてホスト社会との社会資本を作ることになり、難民にとっては利益となる、③共同の計画は、難民は計画に資源をもたらすと見られることになり、地元民と一緒に働き学ぶことは良好な社会関係を作り上げ、ホスト社会側からの敵意や憤りを減らすことになる、ということがあげられる。

都市環境での生計計画は複雑で、地元の労働市場でその機会が制約される一方、難民と地元民相手に計画を始めることは、究極的には良い成果を生むと考えられる。社会心理カウンセリング、教育計画、保健サービスのように、直接の支援を目的としない計画は、生計計画と結びつけられる必要がある。生計計画とカウンセリングや保健を組み合わせることで、受益者の目標への意識、将来への希望や態度を大きく改善できる[31]。

女性、片親家族のような〝弱者グループ〟に対しては、現在行なわれているような弱者対策ではなく、生計対策の方へより力が向けられるべきであろう。若者への生計計画は、伝統的な基礎教育、財務知識、起業技術や性や出産の生活技術が含まれるべきだし、親のいない単身の子供や暴力の犠牲者には、基本的必要物の供与や世話、教育を網羅したサービスを考えるべきであろう。公私の高校、大学は多くの難民に奨学金を出せるようにすることが重要である。

　都市区域の難民に対する基本的なサービスは、ホスト政府の政策でしばしば阻害される。政策はサービスをホスト国民の保健と教育に限定している。これらの制限があるため、難民だけのサービスという、別の制度を作る誘惑にかられるかもしれない。

　しかし、難民用のサービス計画を並行して作るよりも、焦点は、都市の貧民を含めたホスト国の既存のサービスが利用できるように援助をすべきである。既存のサービスの中に組み込まれれば、状況が変化しても不安定になることはないし、事態を複雑化し周縁化されることもない。本流のサービスなら、過去の事例が記録され、地域の社会経済状況や労働市場の状況に通じている。現在の職業訓練施設、職業開発サービス機関、マイクロファイナンス制度や各種会社・事業所の雇用計画の情報も持っている。そして、難民へのサービス拡大の可能性を持ち、技術的に適切な評価と助言ができる。ただし、その実施にあたっては、モデルの修正とアプローチの検討が必要になるのは当然のことである。

注

まえがき

（1）例えば、国連難民高等弁務官事務所（ＵＮＨＣＲ）の推定では、世界中の都市に滞留している人々の多くや、同胞が帰国した後も亡命状況に留まる、少数の残余の避難民は、公式的な統計上の難民数には含まれていない。また、国連パレスチナ難民救済事業機関（ＵＮＲＷＡ）の委任下にある中東の何百万人というパレスチナ難民も含まれていない。加えて、同中東地域には二〇〇万人を超えるイラク難民がいる（二〇一〇年現在、ＵＮＨＣＲ調べ）。これらの人々を加えると、その数は一層大きくなる。ただし、イラクで二〇〇六年に始まった大量避難の数をめぐっては論争がある。ＵＮＨＣＲはその数を約二〇〇万とするが、注意深く読めば、近隣諸国に流入したイラク難民の数は、一〇〇〜二〇〇万人で、そのうち三〇万人がＵＮＨＣＲに登録されているだけである。ＵＮＨＣＲは、イラク隣国に住むイラク難民救済計画の場合、統計を二つ持っている。当該政府の統計と、ＵＮＨＣＲ自身が登録した人々の数である。前者は政策立案上、政府にとってもＵＮＨＣＲにとっても重要な数字となる。後者はＵＮＨＣＲ自身の数字で前者より人数は少ないが、正確さでは、より近い可能性がある。

（2）難民、国内避難民、地球温暖化や開発プロジェクトのようなその他の理由で移動しなければならない人を含めた、全体的な呼称。

（3）UNHCR, 2012.

（4）Chimni, B. S., 1998, pp. 363-364.

（5）Marfleet and Chatty, 2009, p. 18.

（6）*ibid*. 二〇〇九年一〇月、イギリスは力で、イラク人多数を追い返そうとし、デンマークやスウェーデンもまた、強制帰還を試みている。

(7)受け入れ国での滞在については、次の三つのことが言える。滞在期間の長さ、長期滞在可能な地位と能力、帰国可能の能力である。①国外滞在の長さ――帰国しないなら、時の経過で、残した家族との絆は弱まり、難民は送金額を抑え、送金しない期間が長期化する。家族の分離が明らかとなり、時間の経過で、社会ネットワークと難民コミュニティが発達し、国境を越えた活動が育まれる。②地位と能力――受け入れ国で得た地位は永続化する。不確かで一時的な法的地位なら、自己の保険的意味合いから、母国の人と繋がりを維持する強い希望を持つかもしれない。③帰国の能力――紛争に関連する移民は、帰国が不確かだが、いつかは〝帰国できる〟という神話は、受け入れ国での彼らの社会経済投資を妨げる(Lindley, 2008, p. 13)。

(8)例えばカイロは、世界でも最大規模の定住計画が行なわれる場所の一つだが、年に三〇〇〇人しか枠がない。定住機会の入手が難しいことが、難民の間に深刻な緊張状態を引き起こし、二〇〇五年一〇月の事件のように、定住枠の少なさに抗議したスーダン難民がエジプト軍に攻撃されるという暴力事態さえ発生している。定住の問題は、明らかに都市に住む難民に対し、政策的な対応が必要な問題である(Jacobsen, 2006, p. 278)。

序章

(1)*World Refugee Survey 2014* によれば、世界の難民約一六七〇万人のうち、約八〇%以上の一三〇〇〜一四〇〇万人はアフリカ、中東、アジアにいる。

(2)「国連難民高等弁務官事務所」(UNHCR)によれば、「滞留難民状況」とは、難民の最初の避難後、五年以上、恒久的な解決を即座に実施できる見込みもなく、亡命状況にある場合である。難民は必ずしも静的な状態にある人々ではなく、彼らの数は時の経過に伴って増減し、変化する。

(3)世界の難民の約三分の二は、逃亡生活が終わりのない状況にある。UNHCRによれば二〇一〇年、長期の難民滞在で最も影響を受けている国は二五ヵ国。全て途上国である。世界で滞留難民状況があるのは、主なものだけで約三〇地域。それぞれの国内で中途半端な状況にある人々は、一九九〇年代初期の平均九年という滞在期間から上昇して、平均二〇年近くになる。滞留期間が延びただけではなく、状況自体が長引いている。

（4） Martin, Susan, I. Schoenholtz, Andrew and Fisher, David, 2005, p. 101. 伝統的な移民国では、難民を含む外国生まれの人々は、全人口の一〇％以上を占める。非移民国のスウェーデン、スイスも同様な数字である。これに対し、イギリス、アイルランド、イタリア、オランダ、スペインでは四％以下である。

（5） UNHCR, 2012, p. 43.

（6） Chimni, 1998, p. 358.

（7） *ibid.*

（8） Loescher, 2001, pp. 42-43.

（9） Crisp, 2008, p. 5.

（10） Harrell-Bond, 2006, p. 24.

（11） *ibid.*

（12） 難民の問題に加えて、国内避難と戦火被災民の逃亡の問題がますます、国際社会で人道性と戦略的な重要性を増している。紛争から逃げる民間人は、難民として国境を越えるよりも、自国内に留まりたいという傾向がある。彼らに対し、国内保護や援助をどのように与えるかだが、ＵＮＨＣＲや他の国際機関は、国を逃げ出した難民の援助には深く関わってきているが、一方、実際的に民族浄化の犠牲者や国内避難民に対しては、国際的な関心が向けられてこなかった。一九九九年のコソボ危機では、ＮＡＴＯによる爆撃中、国際機関が活動するには状況が安全ではなかったので、ＵＮＨＣＲや他の国際機関は、国内避難民を無視したとの批判がある（Loescher, 2001, pp. 51-52）。

　国内避難民への制度的、国際的な対応は、種々の国連機関、ＮＧＯ、政府が協力して、一九九〇年代後半から強化されてきている。国連は一九九七年には、全責任を「緊急援助調整官」（the Emergency Relief Coordinator）に集中させた。そしてまた国連の「機関間常任委員会」（Inter-Agency Standing Committee, IASC）による監視も行なわれている。二〇〇二年には「国連人道問題調整事務所」（the Office for the Coordination of Humanitarian Affairs, OCHA）がInternal Displacement Unit を作り、その後 Internal Displacement Division と名を改めた。国内事項が正当な国際関心になりうるという認識が、各国政府や国際社会の間で広がっている。

（13）Loescher, 2001, p. 45.

（14）*ibid.*, p. 51.

（15）Martin, 2001, p. 230.

（16）*ibid.*, p. 227.

（17）Weiner, 1996, p. 184. オーストラリアは、ニュージーランドからの人々を除き、全ての入国者にビザを要求している。同政府は、どの国の国民が出国しないかの把握に努め、超過滞在者にビザを出す国でのビザ管理を強めている。ドイツは、チェコ、ポーランドと国境警備で協力し、アメリカを含む多くの国で、国境警備を改善するために多額の資金が割り当てられている。

（18）Martin, Susan, I. Schoenholtz, Andrew and Fisher, David, 2005, p. 116. これらの新しい庇護国は、さらに独自の厳しい制限措置をとっている。例えば、南アフリカでは一九九八年難民法の施行の際、事務所ビルへ難民申請者が入るのを単に許可しないことで、申請者の数を制限している。

（19）Jacobsen, 2006, p. 282.

第1章

（1）Crisp, 2008, p. 1.

（2）Crisp, 2003, p. 79. ＵＮＨＣＲのこの動きには、いくつかの要因がある。①大量に難民を受け入れる国での援助への気持ちの衰え。②国内避難民の数の増加。③国家主権の概念の変化。④人道分野での競争の激化。ＩＣＲＣ、ＵＮＨＣＲ、ＷＦＰと並んで、国際・国内のＮＧＯの数が激増。人道援助への民間からの関心が高まったこと。どの組織も、自分たちの活動分野を求めて、しのぎを削った。⑤国連からの委任の有無にかかわらず、軍隊が関与し、治安や救援活動、物資配布に主導的な役割を果たしたこと（イラク北部、ソマリア、旧ユーゴ、東ティモールなど）、である。

（3） Marfleet and Chatty, 2009, p. 16. この概念は、〝人道的空間〟（humanitarian space）の考えから借用され、イラク人の状況へ適用されてきた。内容は、保護活動ができる環境であり、その内部で保護の供与は、最大限可能な見込みがある。ただし、保護空間は、流動的で、伸び縮みし、そのため継続的に存在させ、拡大させるには様々な努力が必要とされている。

（4） UNHCRは二〇〇〇年代初め、相互に関係する幅広い分野を横断して責任分担し、南北協力を促進するという目的を持って、この政策を打ち出したが、南の国々には原因国のある地域内での「保護センター」のような、北の考える解決策には疑念があり、成果は限られた。

（5） Crisp, 2003, p. 76. ハレルボンドによれば、UNHCRは通常、国境沿いの危険な地域に難民キャンプを設営してきた（Harrell-Bond, 2006, p. 24）、という。OAU条約では、キャンプは国境から離れた安全な距離の場所（ふつう五〇キロメートル）に設営されるとするが、タンザニアでは、どのキャンプも国境から一〇キロ以内、ウガンダでも同様であり、条約の条項は守られていない。

（6） キャンプは武装勢力の管理下におかれ、人道機関が配布する、食糧、乗り物、救援物資は、戦争経済を養い、戦争の持続化につながる。武装勢力はキャンプで兵士を調達し、人質となった一般人の生命は危険になる。武装分子がキャンプにいる時、敵対勢力からは、キャンプは武装分子への援助の源となり、保護を与えているとみなされ、軍事目標とされる。

（7） Martin, Susan, I. Schoenholtz, Andrew and Fisher, David, 2005, p. 117.

（8） Harris-Rimmer, 2010, p. 13.

（9） Weiner, 1996, p. 179.

（10） Loescher, 2001, p. 53.

(11) Marfleet and Chatty, 2009, p. 4.
(12) Weiner, 1996, p. 189.
(13) Harris-Rimmer, 2010, p. 5.
(14) 環境変化で避難させられた人々の存在は、世界的に認められているわけではない。環境的に避難させられた人々は、保護のないまま取り残される危険性がある。UNHCRは、〝環境難民〟(environmental refugees)の用語を断固として拒否し、迫害ないし武力紛争に無関係の理由で避難した人々を難民条約に含めることには反対している。環境が原因で、〝難民のような状況〟(refugee-like situation)にある人には、国際社会が必要だと思えば関与するとしている(Fielden, 2008, pp. 6-7)。彼らの逃亡・避難は、通常の移住や自発的な環境移住、そして気候変動での移住とも絡まっている。区別が必要な点は、〈環境要因と移住〉の因果関係と〈移住が強制される程度〉の間の実際の状況である。彼らの多くは、都市で避難民となる。明確なことは、環境要因は強制移動の直接の原因になることは非常に少なく、他の経済的、政治的要因が避難の原因となることである。環境要因の直接の結果として、大量の強制移動になったケースとしては、阪神淡路大震災、フィリピンのピナツボ山噴火、アメリカのハリケーン・カトリーナ、スリランカの津波などがあるが、これらは国内で大量の人々の避難を引き起こした。こうした場合、国家の果たす役割は非常に重要である。少なくとも理論上では、国自体が強力で、効率的であれば、環境問題と環境的に避難させられた人々に対応することができる。反対に、国家が弱体で、腐敗している場合には、避難民に対応する準備ができておらず、国際援助が必要となる。この問題は、低開発、南北問題と密接につながっている。かくして、関連する研究の進展と論点の明確化が必要となっている。
(15) 保護する責任は、かなり短い時間の間に発展させられた。発端は、二〇〇一年一二月カナダ政府が招集したthe International Commission on Intervention and State Sovereignty(ICISS)である。これは、コソボとルワンダ紛争への反応であった。その後、国連で関心が高まった。
(16) Harris-Rimmer, 2010, p. 12.

(17) *ibid.*, p. 15.

(18) *ibid.*, p. 12.

(19) ここでの主権は、他国の干渉からの自由ということだけではなく、自国市民のために最善をなすという国家の道徳義務を含んでいる。

(20) Weiner, 1996, p. 194.

(21) ネパール語を話す九万人以上のブータン難民（the Lhotsampas）は一九九一年から、ネパール東部の一時的な間に合わせのキャンプに閉じ込められている。彼らはブータンの差別的な市民権政策、人権侵害、同政府の強制的な追放で逃亡した。キャンプは、UNHCRとNGOが援助している。彼らは帰国への強い希望を持っているが、教育も収入の機会もなく、ただ日々を無為に過ごしている。ネパール政府は彼らをブータンに帰国させたいが、ブータンは難民の多くを市民と認めず、彼らは喜んで国を離れたのであり、帰国の権利はない、と主張する。その結果、一九九〇年代、難民は何もせず何もできず、帰還交渉の行方に不満を持ってきた。

ブータンの入国政策の核心には、「民族生存」がある。これまで長期にわたり、移民がネパール東部の人口密集地から、ブータンに移住してきた。移民は、地元チベット人より数が多く、市民権がネパール人に与えられ、民主主義が広まったら、ネパール人は選挙で王国をひっくり返し、チベット国はなくなるかもしれない、という恐れがブータン政府にはある。ブータンは、一九五〇年代後半以降、入国した人には市民権を認めていない。ネパール人の流入を止めるために、非チベット人に様々な制約を課している。そして、土着のチベット人の文化、政治、人口の面で、自分たちの優越性を維持しようとしてきた（Weiner, 1996, pp. 178–179）。

(22) Harrell-Bond, 2006, p. 24.

(23) Loescher, 2001, p. 47.

(24) *ibid.*, p. 48. UNHCRはまた、帰還を拒否する権利を難民に十分に知らせないことで批判された。さらに、ビルマ国内の人権状況について、正確な情報を与えないことでも批判された。UNHCRはそのほか、ラカイン州のムスリムの大半が市民権を与えられておらず、将来また追放のおそれがあるにもかかわらず、ビルマ政府の立場を受け入れたように見えた。他方で、新規の難民がバングラデシュに流入を続けたが、バングラデシュ政府は、援助を与えればさらに多くのロヒンギャ族が入国するということを怖れて、ＵＮＨＣＲや国際ＮＧＯに彼ら難民との接触を禁じた。

（25） *ibid.*, p. 47.

（26） Harrell-Bond, 2006, p. 24.

第2章

（1） Chimni, 1998, p. 366.

（2） Loescher, 2001, p. 34. 例えば、ＵＮＨＣＲの自立性と権限は時の経過の中で成長し、独自の関心と能力と意思を持つ行為者になってきているように見える。換言すれば、ＵＮＨＣＲの政策と実践活動は、国家の関心とＵＮＨＣＲの独自の活動の両面で進められてきた。ＵＮＨＣＲのイデオロギーが持っている働きや、その合法化という機能は、多くの形態をとる。簡約すれば、①制度を代表する、②目的とする国際的行動様式の規範化を進める、③集団討議の問題を組立て、政策を提案する、④問題を解決し、外的な環境に適応を図るため、交渉のキーポイントを見出す、⑤委任事項と、機関としての付随的な関心事項から、各加盟国の政策を評価する、がある。ＵＮＨＣＲは、知識の創造や普及に関わってきたし、後述する〝新しいアプローチ〟で今日、決定的な役割を果たしている。

（3） Chimni, 1998, p. 356.

（4） *ibid.*, p. 355.

（5） *ibid.*, p. 369.

（6） Martin, 2001, p. 227.

（7） Loescher, 2001, p. 35.

（8） *ibid.*, p. 38.

（9） Martin, 2001, p. 227.

（10） Loescher, 2001, p. 40.

（11） Martin, 2001, pp. 227-228. 一九八〇年、職員数は九〇〇人となり、予算は五億ドルに上昇した。保護以外に、主に物質援助を与えるという役割のためである。

（12） *ibid.*, p. 228. ＵＮＨＣＲは、この新しい事態に対処できる専門性を一九八〇年代初めには持っていなかった。このことは、他の援助機関でも同様であった。ＵＮＨＣＲは一九七〇年代末、八〇年代初めに、緊急事態の管理、保護その他の分野で一連の初級、中級専門職の訓練を始めている。一九九〇年代までには、“people-oriented-planning”のような革新的な訓練計画も導入している。

（13） Loescher, 2001, pp. 41-42.

（14） Collyer, 2005, p. 254.

（15） Loescher, 2001, p. 44.

（16） 国連内で、国内避難民（ＩＤＰ）を援助できる単一の組織がないことから、実施はsystem-wide approachが採られ、形式上は、一九九一～九八年までDepartment of Humanitarian Affairsが担当。一九九八年以降は、国連人道問題調整事務所（ＯＣＨＡ）が担当した。この協同アプローチは、しばしば計画の遅れや事業の重複、保護問題の無視、再統合や紛争後の開発への支援が不十分といった問題があり、制約が存在していた。ＩＤＰ援助を調整するため任命された各国に駐在する調整官は、実施能力を欠き、ＩＤＰへ対処した経験もほとんどなく、保護についても最小限の理解しか持っていなかった。時の国連事務総長コフィ・アナンは、一九九七年七月の国連改革計画の中で、ＩＤＰへの保護、援助、そして再統合、開発援助支援の課題を認め、この分野を各機関間の委任事項の裂け目に落ちた人道問題とした（Loescher, 2001, p. 52）。

（17） Martin, 2001, p. 233.

（18） Troeller, 2008, p. 58.

（19）Loescher, 2001, p. 50. ローシャーによれば、ＵＮＨＣＲには独自の文化というものがあって、組織内での変革のための自己検証が働かない、という。組織は極度に防御的で、外部からの批判を容易に受け入れない。そのため、過ちを認めたり、教訓を学ぶということができなくなる。ＵＮＨＣＲは資金の獲得と、メディアから注目されることを望み、他の機関・組織と競合状況にある。組織として、公共の支持・信頼を得て、組織を維持する必要がある。より重要なことは、ＵＮＨＣＲは自分たちを支えるドナー政府からの信頼を維持したいと考えていることである。

（20）Crisp, 2008, p. 3.

（21）*ibid.*, pp. 7-8.

（22）地中海、西アフリカの大西洋岸、アデン湾を船で渡り、不規則に入国を図る人々は、一般には難民とされてはいないが、ＵＮＨＣＲはＩＬＯ、ＩＭＯ（国際海事機関）、ＩＯＭなどと協力して、海上での援助について、関係する機関間の行動計画に取り組んでいる。海上での救助という問題では、一九七〇年代、八〇年代にインドシナ地域でのボート・ピープルにＵＮＨＣＲが関与したという経験が大きく役立っている。

（23）Crisp, 2008, p. 4.

（24）*ibid.*, p. 2.

（25）Loescher, 2001, p. 50.

（26）Chimni, 1998, p. 371.

（27）*ibid.*, p. 367. ＵＮＨＣＲ内では一九九六年一月、難民高等弁務官補佐の地位が作られ、組織内の調査能力の向上と、外部の研究調査機関との協力強化の任務が与えられた。以前の Center for Documentation on Refugees を再編し、新たに Centre for Documentation and Research（CDR）が作られた。ＣＤＲの仕事は、政策研究、政策分析と広報である。

（28）Loescher, 2001, p. 50.

（29）*ibid.*, p. 33.

（30）Martin, 2001, p. 241.

第3章

(1) Troeller, 2008, p. 45. 一九九二年の難民人口と国民の割合は、マラウイで一対一〇、オランダ一対六八六、ドイツ一対八六九、イギリス一対三八六〇であった。OECD一三ヵ国が一九九三年、庇護制度の運用で要した費用は、推計で一一六億ドルで、他方同じ国々はUNHCRに六億七〇〇〇万ドルを供出。明らかに、先進国での難民に関する費用は、途上国での難民キャンプでの維持費用をはるかに上回っている(Martin, Schoenholtz and Fisher, 2005, p. 105)。

(2) den Otter, 2007, p. 50. タイでは庇護申請者は、UNHCRに登録された後、民間団体に紹介され、難民認定についてカウンセリングを受ける。社会福祉士が三ヵ月ほど、社会的、情緒的、心理的なカウンセリングをする。脆弱度の高い人は、UNHCRに戻される。カウンセリングでは、タイでの難民の権利が説明され、難民であることの意味が説明される。民間団体は庇護申請者のために、UNHCRに難民認定の申請を出す準備を整える。インタビュー中のポイントが知らされ、重要な情報の断片を適切な時に話すことの重要さを知らないと拒否につながることが教えられる。申請者は、認定手続きがどのように行なわれ、どのくらいの時間がかかり、インタビューを待っている時や、結果を知る時に自分ができることを学んでいる。

(3) Troeller, 2008, p. 61. オランダでは、人口の約一〇%が移民家族で、大都市ではそれが約四〇%に上昇する。互いの相違と緊張が、失業率に反映されている。地元民の失業率四%に対し、非地元民の失業率は一四%と高い。外国籍の犯罪者は、刑務所収容人数の五五%を占める。これらの数字は、統合されない移民とオランダ市民の間で軋轢となって、国民の間には〝オランダはもう沢山〟の感情が出て来ている。

(4) Koser, 2004, p. 192.

(5) Crisp, 2003, p. 83.

(6) Troeller, 2008, pp. 52-53.

(7) *ibid.*, p. 59.

（8） Weiner, 1996, p. 184.
（9） Koser, 2004, pp. 189–190.
（10） Crisp, 2008, pp. 4-5.「一〇の行動計画」は、UNHCR、国家、その他の関係者に、〝混合移動〟の現象への対応の枠組みを与えている。項目は、①カギとなる関係者間の協力、②情報収集と分析、③保護に注意をはらった入国制度、④受け入れの措置・手配、⑤人物像の作成と照会の仕組み、⑥プロセスと手続きの区別、⑦難民のための解決策、⑧第二次移動への対処、⑨非認定の難民への帰還支援と他の移住選択肢、⑩情報戦略、である。
（11） Crisp, 2003, p. 86.
（12） *ibid*., p. 82.
（13） Troeller, 2008, p. 46.
（14） Weiner, 1996, p. 181.
（15） Troeller, 2008, p. 61.

第4章

（1） アメリカの外交政策に対する、庇護政策を含む難民政策の政治的、イデオロギー的な、より広範な影響については、アメリカの安全保障理事会、CIA、国務省の政策文書の中で強調されている（Loescher, 2001, p. 35）。
（2） アメリカでは、キューバからの庇護民には同情的であったが、ハイチ人には異なる対応をとった。当時、約五〇〇〇人のキューバ人が筏でキューバを脱出したが、アメリカ沿岸警備隊にすくい上げられ、アメリカ本土に連れて行かれた。一方、ハイチでの混乱と抑圧を逃れる人々の流出の場合には、アメリカの安全保障上の脅威と見て、クリントン大統領は緊急事態を宣言し、民主主義を回復すべくハイチに軍事介入すると脅かした。一九九二～九四年には、海上にいる約六万のハイチ庇護民の入国を禁じ、アメリカ海軍による船上での審査を行ない、そして後にはキューバの米グアンタナモ基地へ連れて行った。しかし一九九四年八月には、クリントンは三〇年にわたったキューバ難民の歓迎から転じて、同難民を米グアンタナモ基地に連れて行き審査している（Martin *et al.*, 2005, p. 113）。

（3）*The Economist*, 29 April 2006.

（4）Chimni, 1998, p. 361.

（5）ＥＵでの庇護政策の調整の目的は、同域内で統一した庇護・移住制度と実施措置を導入することであった。ＥＵ域内での規則を作った一九九二年マーストリヒト条約に続き、アムステルダム条約が一九九九年に実施され、庇護と移住はＥＵの通常の法律制定プロセスに移された。一九九九年には、フィンランド・タンペレでＥＵ首脳会議が開かれ、ＥＵ共通の庇護政策を求め、入国管理と適切なつりあいを保って、庇護権を守ることを誓約し、難民条約への関与が確認された。

（6）二〇〇一年夏、オーストラリアには難民船の漂着が相次いだ。その折、オーストラリアへの入国を目指し沈没した難民船から、四三八人のアフガニスタン人を救助したノルウェー船籍の貨物船タンパ号（Tampa）の入港を認めず、オーストラリア海軍は難民申請の審査のため、アフガニスタン人の集団をナウルに運んだ。悪名高き、“The Pacific Solution”である。

（7）イギリスは二〇〇三年の文書「庇護審査と保護への新国際アプローチ」（New International Approaches to Asylum Processing and Protection）で、原因国が位置する地域での「地域審査センター」の設立、経済援助から、流出に先んじる軍事介入までの措置、そして先進国間の負担分担を促進する管理された定住計画を提案した。イギリスは後に、地域審査センターと欧州に近い場所の「通過プロセシングセンター」の区別を明確にした。デンマーク、イタリア、スペインとオランダが計画を支持、一方スウェーデン、ドイツ、フランスは反対した（Troeller, 2008, p. 50）。

（8）Crisp, 2003, p. 86.

（9）Martin *et al.*, 2005, pp. 100–101.

（10）*ibid.*, 2005, p. 103. 最も包括的な調査としては、一九九五年に the International Centre for Migration Policy Development（ICMPD）が欧州七ヵ国（オーストリア、デンマーク、フィンランド、ドイツ、ノルウェー、スウェーデン、スイス）で実施したものがある。調査によれば、審査とその間の生活維持費用を含め、年間の費用はこれらの国（ドイツは含めず）の総計で、推定約二七億ドル、生活維持経費が全体の九三％を占めた。これらの費用は決定が出るまでの間、庇護民を収容する受け入れセンターでの費用を含み、もし認定されたら、その個人の住居への移動にかかる費用までを含めている。一般には、社会福祉援助と医療の費用である。審査にかかる費用は、控訴までの費用、法的代理人、送還費用など、一億六七〇〇万ドルで、全体の六％である。審査経費の割合は国ごとに違い、一三％（ノルウェー）から三％以下（デンマーク、フィンランド）まで幅がある。生活維持のための費用は、人数、庇護民の性質で異なり、国ごとに非常に異なる。平均的な費用もまた異なり、援助の形態や援助する期間でも異なる。期間は、審査に要する平均的な期間、認定された人が受け入れセンターに滞在し続ける可能性、あるいは援助を受けたり、労働許可を得て働くかにより、変わってくる。

（11）Collyer, 2005, p. 253.

（12）Buscher, 2011, p. 21.

（13）Weiner, 1996, p. 188. しかし、もし人権が侵害されている全ての人に保護を与える自由で民主的な国家側の能力を越えていたなら、保護は控えめにならざるを得ない。

（14）*ibid.*, p. 193.

第5章

（1）Marfleet and Chatty, 2009, p. 16, p. 25. ヨルダンとシリアのいずれについても、抑制策はイラク政府の要請で導入されたと言われる。同政府は、イラクからの大量流出の否定的なメディア映像を制限する目的から、市民の出国の禁止を望んでいた。

（2）*ibid.*, p. 18.

（3）*ibid.*, p. 18. イラク人が庇護国で、教育、医療を利用できるか否かは、状況により多様である。場合によっては、U

ＮＨＣＲが国内外のＮＧＯと協力して援助している。しかし、いくつかの国では、イラク人は実際上、公共サービスからは排除されている。難民が危険をおかしての帰国か、定住で受け入れられるかの厳しい決断をするまで、状況は中途半端なままである。この状況下で、他の庇護国での安全を求めて、絶望した沢山の人々が命がけで、不規則移動（不法入国）という手段を講じている。彼らはイラクからの逃亡の途中で、欠乏、搾取、人権侵害にあい、通過国で立ち往生し、帰国することも先へ進むこともできない状況にある。

（4）Milner and Loescher, 2011, p. 3.

（5）Buscher, 2011, p. 21. 南アフリカは難民条約の加入国であり、さらに一九九八年には難民法（1998 South Africa Refugee Act）を制定している。難民・庇護民に移動の自由、労働権、保健医療や公教育のような基本的な公共サービスの利用を認めている。

（6）*ibid.*, p. 26.

（7）Milner and Loescher, 2011, pp. 1–2.

（8）*ibid.*, p. 2.

（9）Troeller, 2008, p. 64.

（10）Marfleet and Chatty, 2009, p. 25.

（11）Koser, 2004, p. 186.

（12）ハーバード大学の二〇一三年の調査では、カナダが庇護民に国境を閉ざすことで、意図的ではないにしろ、人の密輸という危機を促しているという。「ほとんど失敗状態」（Bordering on Failure）と名付けられた一〇七頁の報告書は、ナイヤガラ川を泳いでカナダに渡ろうとして、溺れて死んだ人や、カナダへの鉄橋を越える時に両足を失った人の話を報告している。

（13）*ibid.*, p. 191.

（14）*ibid.*, pp. 188–190. 密輸は元来、中南米諸国に生まれ、貧しい家族や地域社会に関係する事柄であった。現代の密輸業は例えば、イランとオランダの間の密輸の場合には、目的地オランダまでの間の、地理的に途中の多くの国々にわたり、十分に組織化されている。原因国、通過国、そして目的国にいる密輸人同士のつながりの中で、効果的に仕事が進められている。密輸ブローカーは、イランから逃げる庇護民を援助するほかに、二つの目的を果たす。①欧州を横断した入国ルートの計画。可能性ある限られた複数のルートが作られ、実施に向け整えられる。密輸人はまた、ルートに従い目的地を選ぶが、最終地の決定は自分たちで行なう。②密輸人は通過国、目的国への移動をはかり、入国させる。切符、必要書類を用意し、移動を促す。入国のやり方は三つあり、密入国、不正書類での入国、あるいは書類なしでの入国。イラン人を例にとると、隣国のトルコ、パキスタンに密入国し、ルーマニアやハンガリーでは、偽の書類を使い、最終地のオランダではパスポートなしに入管に出頭する。興味深いのは、密輸人は彼ら自身が活動する国の国民だということである。組織上では、一人の密輸人が逮捕されても代わりの人が現われ、移動が二〜三週間程度遅れるだけで、大勢に影響はない、という。

（15） *ibid.*, p. 183.

（16） これらの問題は明らかに、不法や不規則移動のデータで大きくなる。例えば、ＥＵ各国はデータの取り方で方法・基準が異なる。その中で最も共通なものは、国境での拘束のデータである。しかしこのデータを使って、密輸された人数を知ることはまことにむずかしい。おそらく最も重要なことは、密輸された人々の大半が、国境で拘束されたのではないということである。密入国が成功し、彼らはしばしば国境管理からは逃れている。かくして国境での拘束データは、国内での拘束データと組み合わせる必要がある。

（17） Koser, 2004, p. 186. この推定では、庇護民が密輸された人の大半を占めている。ドイツでも同じことが経験的に言われている。一九九七年、連邦難民事務所はドイツの庇護民の約五〇％が密輸であると言い、オランダ入管当局は、推定数を三〇％（一九九六年）から、六〇〜七〇％（一九九八年）と上昇させている。

（18） 一時保護を与えられたが、その必要がなくなった個人のほかに、庇護を拒否された人への政策は、ホスト国（受け入れ国）に深い影響を持っている。もしホスト政府が拒否された人を帰国させられなかったり、帰国させるのを望まなければ、国内的影響は庇護民が帰国する場合よりも、将来にわたってはるかに深い。彼らが直ちに戻されると、特に紛争後の脆い社会の場合、庇護民に否定的に影響するだけではなく、原因国の潜在的安定性に影響する。紛争後社会であった中央アメリカの国々は、彼ら庇護民の送金が自国コミュニティの再建に重要だったため、アメリカに彼らの滞在延長の許可を求めた。それと対照的に、他の紛争後社会では、選挙や再建の手助けのため、庇護民の早期の帰国を促す場合もある。この点から、原因国の政策は、ホスト国の政策と同じくらい、影響力を持ちうる（Martin *et al.*, 2005, p. 102）。

（19） Koser, 2004, p. 191.

（20） ユダヤ難民、そしてその後の旧共産圏から密輸された難民は、公然と西欧か北アメリカに定住した。背景には、難民と受け入れ国の間に、政治的・経済的に難民を定住させることが利益になるとみなされる一つの要因があった。しかし現代の西欧の場合には、利益になるとは明らかに感じられていない。人の密輸の研究は、まだ初期的な状況にあり、概念上の明晰さを欠き、経験上の蓄積が不足していると言われてきたが、グローバルに焦点を合わせた文献が出てきており、人の密輸の複雑さが明らかになりつつある。

（21） Koser, 2004, p. 193.

（22） *ibid*.

（23） *ibid*., p. 182.

第6章

（1） 一九九七年政策の下で、ＵＮＨＣＲはサービス配布よりも、保護の供与に主に力点をおいた。それは、都市に流入した難民は、自分を支える手段と技術があり、ほとんど何も求められていないと判断したからであった。一九九七年のＵＮＨＣＲ政策の背景には、技術的に業務遂行上の問題と政治的な理由から、都市に住む難民への援助実施は困難であるということがあった。ヒューマン・ライツ・ウォッチは、その政策がほとんど援助のみに限られ、都市に住む難民の真の保護ニーズを無視した政策だと批判している（同報告、二〇〇二年参照）。同団体は、政策は、世界の諸都市に滞在する難民が直面する課題や機会に的確に応えていないと批判し、その改善策は、都市難民を取り巻く福利の問題と妥協することなく、難民の権利や生活を進めることだとした。ＵＮＨＣＲは、政策の不適切さを認め、法的に理にかない、政治的に受け入れられ、財政的にも継続可能な戦略を開発しようと努力を続けることになった。

（2） Buscher, 2011, pp. 17-18.

（3） Jacobsen, 2006, pp. 274-275. ソマリア人、スーダン人はキャンプに居住するとされているので、彼らは首都ナイロビにあるＵＮＨＣＲ事務所との接触は許されていない。

（4） Fielden, 2008, pp. 14-15. 政府の都市ＩＤＰへの施策で影響する要因をあげてみよう。①民族的な所属。政府の処遇を決める要因となる。②政治的考慮。都市ＩＤＰへの政府の対応は非常に異なる。弱体国家と貧弱な都市インフラを持つ国々は、対策が十分に打ち出せない。例えばペルー政府は、都市化の抑制のため、農村に戻るＩＤＰを援助し、都市ＩＤＰに対しては援助していない。都市ＩＤＰのコミュニティには、不安定な状況にもかかわらず、農村に戻るよう圧力がかけられている。コロンビアでは、彼らは政府の緊急援助対象者に登録されるが、期間は三ヵ月のみと短い。この期間後は、ＩＤＰは安定化に入ると考えられ、政府からの追加援助はない。彼らの居住地での国による必要な保護も安全も与えられていない。アゼルバイジャン・バクーでは、わずかな手当と電気、ガス、水道代が政府により支払われている。基本的ニーズへの援助は与えられたが、より広範な援助はなかった。帰還以外の解決の道を閉ざされ、政府は紛争地域のナゴルノ・カラバフ（Nagorno-Karabakh）への主権の主張を強めようとしている。

いずれの場合でも、解決策を決定する前に、彼らＩＤＰのニーズと希望についての正確なデータを入手する必要が認められる。

（5） Jacobsen, 2006, p. 274.

（6） エジプトでは、多くのイラク人は、法的地位や特定の民族的、宗教的帰属が災禍をもたらす怖れから、自身の身を隠している。シリアやヨルダンでは、政府が入国抑制策をとり、イラクへの往来を禁じており、入国は公式的に片道のみである。イラクを訪問した人の近隣諸国への再入国は、不法移民となり、当局には見えなくなる。加えて、UNHCRへ登録すれば定住させられると考える難民は身を隠すことがある。レバノンには大量の〝不法移民〟がいて、イラク人を含め、全体数がわからない事態が続いている（Marfleet and Chatty, 2009, p. 15）。

（7）数の問題には、障害が多く、困難である。この作業は、ホスト国の政治に複雑な影響を受け、決して明らかになることはない。統計の出所が、UNHCR、ホスト政府、NGOのどれであるかによって、都市難民の推定数は大きく変わってくる。

（8）den Otter, 2007, p. 49. 例えばタイでは、都市難民の数が増大し、保護と援助が現実に即して対応できていない。援助ニーズは一般に、強制移動民の全ての型に共通だが、実施されるか否かは、特定の原因と移動した場所次第である。

（9）Feinstein International Center, 2012, p. 3.

（10）*ibid.*, pp. 6-7.

（11）Collyer, 2005, p. 253. コロンビアでは、難民・避難民のラベルは、彼ら難民を問題と見る人々には、貧困、疎外、排除といった反応を呼び起こさせる。また彼らの存在を脅威と見る人々からは、紛争、暴力をもたらすと見られている。これは、難民・避難民の自意識にも重要な影響を与え、〝私は避難状況にある人〟というより、〝私は避難民である〟と容易に置き換えられてしまう。

（12）外交政策の一環である難民政策は、国内政治ないし地域政治で第一に決定される。難民政策の意図を理解するには、政府決定の基礎となる動機を理解することが重要である。

（13）Martin *et al.*, 2005, p. 113. 戦火がおさまった一九九五年一二月、ドイツ政府と難民が集中したいくつかの州は、難民の帰国を切望した。ドイツは難民に、食料、住居、衣服を与え、難民居住の財政負担は政治家の心に重くのしかかっている。帰還時期は主要な問題となった。新しいボスニア連邦政府はある時点では、大半を占めるムスリム難民をドイツから引き受けるとしたが、ドイツ政府に帰還計画を急がないよう要請した。ドイツはEU内でかなりの負担をしており、他の欧州諸国かEUが、全体として復興負担をもっと背負うべきだと考えた。要請は受け入れられず、その結果ドイツ社会は限られた再建援助しか行なわず、部分的な援助にとどまった。
(14) *ibid.*, pp. 104-105.
(15) Buscher, 2011, p. 20.
(16) Jacobsen, 2006, p. 278.
(17) アメリカでは深刻な犯罪を犯した個人は、政治庇護を否定されるが、同時に拷問の犠牲者なら国連の拷問条約の下で、送還からは守られる(Martin, 2001, p. 231)。
(18) 文書が重要なことから、それを発行する機関が重要度を高める。南アフリカでは、内務省管轄下の各都市の難民受け入れ事務所が、難民申請の場所となっている。ヨハネスバーグの事務所は、これらのセンターの中でも一番忙しく、かつ官僚的対応で悪名高い。難民の脆弱性を和らげるどころか、書類を提出できない時には難民に嫌がらせをし、逮捕、追放の危険性さえある。同国では憲法上、市民であれ難民であれ、全ての合法的居住者の保護、権利、尊厳を促すようになっている。しかし難民法を適切に運用せず、南アフリカ政府は、義務を果たさず、難民に新しい問題を作り出している(Jacobsen, 2006, p. 281)。
(19) Buscher, 2011, p. 26.
(20) Martin *et al.*, 2005, pp. 107-108. またデンマークの調査(二〇〇〇年)では、第一世代の男性移民の雇用においては、最初の雇用では、難民の方が一般移民の雇用率よりも、かなり低かった。滞在期間の長さもまた、雇用を説明する上で重要である。デンマークでは、五~一〇年後、難民の雇用率が一般移民やデンマーク国民のレベルに近づいている。労働市場に長く留まれば、難民は賃金格差を縮めることができる。しかし難民であることのために、一〇年をこえても常勤の職につくことは困難であった。
(21) Buscher, 2011, pp. 20-21. UNHCR(二〇一一年)によれば、インドには、難民一万五二六九人、庇護民六〇九二人がいる。
(22) ビルマ・チン族は、ほとんどが農村出身者で、全くの農民である。そのため、彼らの持つ人的資本は、都市的で、より構造化された雇用環境にはそぐわない。雇用主は、彼らはよく働くと言う一方、労働に必要な慣行や礼儀がないと言う。病気で休む場合には連絡しないし、他の職場に移る時にも連絡してこないと言う。ＵＮＨＣＲとの約束のような、他の急な用件がある時には仕事に出てこない、と不満を述べている。

(23) Martin *et al.*, 2005, p. 107.

(24) Feinstein International Center, 2012, p. 3. 政府の難民に対する厳しい姿勢がある場合には、現場では、柔軟に考え、新しい機会を探り、活動することが重要になる。例えばカイロへのシリア難民の新たな流入は、エジプト政府と従来とは異なる新しい考え・方法を論議する機会となるかもしれない。

(25) Jacobsen and Landau, 2005, p. 52.

(26) Buscher, 2011, p. 22.

(27) Martin *et al.*, 2005, p. 109.

(28) Jacobsen and Landau, 2005, p. 52.

第7章

(1) ホスト政府が、自国と国民に直接の利益になると見れば、彼らは一層、労働市場や公共サービスの利用を難民に許すようになる。歴史的文脈は明らかに異なるが、ホスト国での受け入れの成功事例をあげておきたい。一九六〇年代から七〇年代、タンザニア農村部で、同国政府により、特有の定住モデルがブルンジ難民定住地で試され、かなりの成功をおさめた。難民は自主的な定住を認められ、人道援助により地域の道路、学校、保健所が修復され、建築された。資金は、難民への直接援助として使われるのではなく、難民と地元社会の両方の利益になるよう使われた。

(2) Jacobsen, 2006, p. 281. 例えば南アフリカのヨハネスバーグでは、アフリカ難民の数の多さに直面させられている。問題は深刻で、受理側は書類を適切に処理できず、官僚的な事務能力の不足が言われる。同国には難民キャンプはないが、一九九八年難民法は、庇護民と難民に、都市での生活と働く権利を認めている。難民は、社会サービスを利用し、住居や職業を入手できる。問題は、この政策の実施のされ方にある。問題を適切に処理できないことで、差別の新しい形が現われ、移民が社会的病弊の身代わりにされている。政党、メディアや一般社会からの嫌がらせや権利の侵害もある。ヨハネスバーグのように外国人嫌いがある場所では、恣意的逮捕や追放のおそれがあり、また社会サービス、雇用、住居を入手する上で、公的文書を所持することが特に重要になっている。

（3） Martin *et al.*, 2005, p. 111. そのためホスト国によっては、地元社会との緊張を避けるために、様々な対策がとられている。最も効果があると見られているのは、以下のものである。①教育による寛大さの育成。②移民への権限付与と市民活動への参加。③新移民への地域社会の紹介・指導。④もめ事の調停・仲介。⑤人種差別・民族差別団体への罰則。⑥移民集団と法律執行機関の間との信頼の確立。⑦反移民や差別を減らす運動、である。また、難民集団に対し、庇護国での難民の権利と責任のほかに、定住、帰還について情報・知識を伝えるとともに、地元民に対しては、難民の権利や責任、彼らの境遇、生活での多様な価値観についての情報を与え、意識を喚起することが重要になっている。情報の伝達では、ソーシャル・メディアの活用も有効であろう。援助団体は、近隣の住民、特にスラム住民との関係を育み、難民への意識を高めるために、地区の慈善団体や地域社会の指導者を見出し、支援し、協働が求められている（Feinstein International Center, 2012, p. 7）。

（4） Fielden, 2008, p. 9. アゼルバイジャン・バクーでは、避難民は汚水浄化槽の上に住んでいた。スーダン・ハルツームでは二〇〇四年一一月、避難民の八〇％以上の人がプラスチックや紙でできた一時しのぎの家に住み、九〇％の人々が定期的に洪水の被害にあっていた。ＵＮＨＣＲは都市難民に物質援助を継続的に与える必要はないが、地域の事情に合わせた当初の便利袋、"starter pack" を開発する必要がある。これは住居の保証金か、少額の助成金を含む。それで、小売業の道具や備品が購入できる（Jacobsen and Landau, 2005, p. 52）。

（5） Buscher, 2011, p. 23. ニューデリーは広く、また交通が渋滞する中を移動せねばならないので、特に厄介である。ＮＧＯは難民が多く居住する地区に現地事務所を置いている。他方ＵＮＨＣＲは、インド政府に、難民への無償教育と保健制度の利用を交渉してきた。

（6） Fielden, 2008, p. 9. 立ち退きは、スラム地区で起こり、事例はアンゴラ、ケニア、スーダン、ジンバブエで見られた。スーダンでは都市計画が実施され、ハルツーム内外で何千人という人々が立ち退かされた。二〇〇五年八月、シーカーン・キャンプ（Shikan）の住民はファタフ・サーリス（Fateh III）に強制的に追い立てられた。同年、住居一万三〇〇〇軒、学校、保健所が取り壊され、何千もの人々が一時の住居を求め、首都ではホームレス危機が起きた。

（7） Marfleet and Chatty, 2009, p. 13. イラク難民の主要な目的国である、シリア、ヨルダン、レバノンはどこでも難民条約に加入しておらず、難民認定の手続きは行なっていない。各々が個別に一貫しないやり方で、イラク人を〝お客さん〟か、〝訪問者〟として受け入れてきた。その結果、公式に難民とされるイラク人の数字は全く存在しない。

（8） ニューデリーでは、ビルマ・チン族難民が家族の補助食品として、カリフラワーの葉のような捨てられた野菜を求めて、夜の市場を探しまわっている。市場の警備員はまず家畜を最初に場内に入れ、腹いっぱい食べさせた後に、生ゴミを拾うよう難民を招き入れる（Buscher, 2011, p. 25）、と言う。

（9） Buscher, 2011, pp. 23–25.

（10） Martin *et al.*, 2005, p. 107. 大方の先進国では、出生率は人口規模を維持できる率を下回っている。こうした国々は老齢化の危機にある。論者の中には、難民・庇護民が経済への潜在的な貢献者だ、と見る人もいる。

（11） Collinson, 2009, pp. 35–36.

（12） Buscher, 2011, p. 25. インドでは、沢山の数の人が、ＵＮＨＣＲ支援の収入創出プロジェクトに参加している。同プロジェクトは、事実上、補助金付きの雇用か、雇用義務のある手当支給である。

（13） Milner and Loescher, 2011, p. 5.

（14） Marfleet and Chatty, 2009, p. 13.

（15） Feinstein International Center, 2012, pp. 4-5.

（16） Buscher, 2011, p. 21.

（17） *ibid.*, p. 22. 警官は彼らの主張に無関心で、依頼と引き換えにお金やセックスを要求する。

（18） *ibid.*, p. 26.
（19） Jacobsen and Landau, 2005, p. 52.
（20） Buscher, 2011, p. 24.
（21） 難民だけでなく、同様な状況にある地元民の給与を、六ヵ月間事業所に支援する。難民の仕事状況が一定の要件と合致したら、雇用するよう会社と合意を結ぶことも可能である。
（22） Feinstein International Center, 2012, p. 8. ＮＧＯは現在、難民を雇用しているが、通訳、翻訳、コミュニティ訪問員（保健、カウンセリングなど）のような職種に限られる。管理、その他の分野で仕事を任せられれば、プロジェクトの開発、実施、評価に活発に参加できる能力を養うことができる。
（23） Jacobsen, 2006, p. 284. ウガンダ当局は、難民主導の教育を歓迎しているように見えるが、一方で政府には多くの官僚的な障害があり、自らの難民政策の実施を阻害してきた。例えば、難民の土地所有には法律上の制約があり、難民は弁護士や市の当局者との交渉でかなりの時間と費用を費やしている。カンパラの難民は、民族ごとに自分たちの子弟教育を自前で運営し、地元ウガンダの子供たちにも提供している。
（24） Buscher, 2011, p. 23.
（25） *ibid.*, pp. 21-23. ヨハネスバーグのソマリア人は、経済的に成功していると見られがちだが、彼らの三分の一は簡易宿泊所か間借りしている（二〇一〇年現在）。部屋は日割り計算で、住居費が高い割合を占め、経済的に苦しい生活である。強欲な家主の恣意的な追い出しや警察の手入れがあり、住居と安全が不足し、全ての難民集団は頻繁な移動を強いられている。

カンパラでは、ソマリア人はコンゴ人、ブルンジ人よりも良い生活をする傾向がある。強い社会連絡網と同社会内に資金の貯えがあるためである。カンパラではキセニ（Kisenyi）に集中して住み、単一でまとまっていることから経済的にも安全で、自営業を営む人々が支えられている。ただし、女性は移動が限られ、自身のコミュニティ内に閉じこもる傾向があり、幾分保護されている。逆にコンゴ人女性は、市中を歩き戸別に民族工芸品の布、宝石、靴を販売、最も危険な状況にある。彼らには、嫌がらせ、盗難、強姦や逮捕の危険がある。市中に分散居住するため、コンゴ人の社会連絡網はソマリア人よりもまとまりを欠いている。コンゴ人の教会は、最も脆弱な人を助けている。多数のコンゴ人は教会に住み、米や他の食料を教会が与えている。さらに小さなブルンジ・コミュニティは、社会連絡網が弱いという以外にあまりわかっていない。彼らは市中に広く分散して住み、ブルンジでの虐殺のために、人への猜疑心が非常に強い。

(26) *ibid.*, p. 25.
(27) Jacobsen, 2006, p. 283.
(28) Collinson, 2009, p. 7.
(29) Feinstein International Center, 2012, p. 3.
(30) *ibid.*, p. 4.
(31) *ibid.*, p. 5.

あとがき
――新たな傾向と課題――

難民支援は非政治的で、人道的な崇高な行為というふうに考えられるかもしれない。しかし実際には、国際政治と国内政治の中で実施され、その歩みは直線的なものではない。非自発的な定住や、移転プロジェクトでは、計画や準備をめぐって様々な欠陥があり、成功以上に、はるかに多くの失敗を経てきた。実際上、現在実施されている定住は、保護の形態として認めることができるか否かは、きわめて疑問である。

二〇一五年、シリアでの紛争は五年目に入った。二九〇万人の難民が、域内の国々の都市に散在し、極めて限定的な援助を受けている。UNHCRに登録したシリア難民の数は、例えばエジプトでは一三万八〇〇〇人である（二〇一四年七月現在）である。しかし、その数はUNHCRに登録した人々の数であるので、実際数はもっと多い。エジプト政府は、推定で三〇万人としている。

これより先、二〇〇二年一一月～二〇〇三年三月、国際人道援助制度は、アメリカ、イギリスによるイラク攻撃の後、イラクを逃れる推定一〇〇万人の難民のために準備を行なった。しかし、イラク政権の崩壊後六ヵ月、イラクを逃れる人々は少なかった。国際援助制度はイラクの人々の反応を見誤り、人数を誤算した。二〇〇四年、難民キャンプは撤去され、備蓄されていた食糧、その他の物資は移動された。三年後の二〇〇六年～二〇〇七年、今度は危険と壮絶な党派間の暴力を逃れて、何万人というイラク人が逃亡した。推定数は大きく異なるが、国内避難が約二〇〇万人、一〇〇～二〇〇万人がヨルダン、シリアに逃れ、アンマン、ダマスカス、アレッポに落ち着いた。その他、カイロやイスタンブール、そして多くの人が、さらに地理的に遠方におもむいた。ＵＮＨＣＲとＮＧＯは、一時的な保護と緊急援助を与え、大急ぎで「受け入れセンター」を設営した。

二〇〇八年、国際アムネスティはイラクでの危機に、国際社会は適切に反応することに失敗した、という高度に批判的な評価を発表した。それによれば、「各国政府は危機を無視し、政治的な理由から、例えば軍事的な〝成功〟を支持し、問題の核心からは距離をおき、真実を捻じ曲げる傾向がある」、とした。

二〇〇九年四月、アメリカ政府の見解を受けて、ＵＮＨＣＲはイラク国内の安全は、人々が戻るほどに改善され、もはや難民とは見られないと宣言した。しかし研究者は、いくつかの疑問を投げかけている。避難したイラク人は、自信と誇りを持って帰国できるのか。大量帰還を期待することは妥当か。難民にとっての帰還の意味とは何か。彼らの状況は変化し、改善する見込みはあるのか、などである。

アメリカ政府は、イラクの安全状況は落ち着いたので米軍は撤退し、今後はアフガニスタンへ力点を移すとした。しかしＮＧＯの中には、国際社会は意味のあるやり方で対応しているのではなく、むしろ難民危機を悪化させている、という見方もある。他のＮＧＯはまた、イラク国内の諸問題が難民帰還を妨げているだけでなく、新たに人々の逃亡を促している、と述べている。最も重要な点は、イラク北部での政治的な緊張の問題と、都市での極度の暴力事態である。

大半のイラク難民が受けている保護は、非公式なもので不安定である。地域を見据えた大局的で長期的な視点からの政策は見当たらず、その兆しも感じられない。供与される援助は、一時的で、ＵＮＨＣＲと関係の政府当局との〝（暗黙の）了解〟に基づいて実施されている。状況は不確かで、公式的で調整された、強靭な取り組みが必要となっている。

二〇〇九年六月、ＵＮＨＣＲは新しい戦略計画（Facilitating the Transition from Asylum to Return and Reintegration in Iraq）を発表。その内容は、イラクの国内情勢は肯定的な状態への途上にあり、暴力事態は二〇〇三年の時の状態に落ち着いたと断言している。難民、国内避難民は戻り始めており、ＵＮＨＣＲはその準備を行なっている、と述べた。

クラスター制を通じて、ＵＮＨＣＲは国内避難民の保護や、帰還民の安定を確保するために国連の他の機関と協力している。二〇一三年夏には、ＵＮＨＣＲは自らの政策と支援のギャップを評価し、組織文化の改変と、予防的な解決に取り組むために、難民、国内避難民、無国籍者が対象の「解決策運営グループ」（the Solutions Steering Group, SSG）を設立して努力を続けている。

同じ年、国連加盟国は、移民の地位にかかわらず、全ての人々の人権と基本的な自由を効果的に保護し、推進する必要があることを認めた。同時に、包括的で均衡のとれた方法で、国際移住に取り組む重要性があることを認めている。全ての移民の人権促進で合意し、移民の原因国、一時滞在国、目的国での役割と責任を明らかにしようとしている（Declaration of the High Level Dialogue on International Migration and Development, 2013）。

しかし今日、多くのイラク難民は、ＵＮＨＣＲとは距離をとっている。その理由は、帰還の結果起こることを怖れ、彼らを援助する政治家や官吏の考えに疑いの念を持っているためである。イラクへの関心が薄れているので、避難に伴う危機への怖れは、決定的な段階に達している。難民は、戦火と内乱が待つ、危険で経済的に不安定な社会へ戻り、統合されることが期待されるが、大量な帰還の見込みはない。イラク人が住む、中東の数ある隣国の非常に大きなコミュニティは存続し、困難な状況下で人々は生活を続けている。イラク国内、及びイラクからの避難は続き、ますます長距離移動が起きている。

世界は、急速な都市化の過程にある。一九五〇年、世界人口の三〇％弱（七億三〇〇〇万人）が都市に居住していたが、今では五〇％（三三億人）を超え、二〇三〇年までには六〇％になると予想されている。世界の難民は一〇五〇万人の半分が都市に住んでいる。難民キャンプに住む人は、難民全体の三分の一に下降した。一〇年ほど前には、都市に住む難民は、難民全体の数のわずか一三％に過ぎなかった。人道援助機関は主に、難民キャンプに収容されている人々に活動の焦点を合わせていた。都市に住む難民の状況は、ほとんど理解されなかった。

都市での難民規模が大きくなるとともに、人口構成も変化している。過去には、途上国及び中進国でＵＮＨＣＲに登録した難民（都市難民）のかなりの割合は、若い男性で、彼らは都市で生存するために必要な能力と決断力を持っていた。

しかし今日、特に難民キャンプが設営されていない国で、女性、子供、高齢者の難民の姿が、都市で多く見かけられる。彼らは、様々な危険にさらされ、保護の問題に直面させられている。逮捕や勾留の怖れ、送還、嫌がらせ、搾取、差別、不適切で過密な住居、性的暴力、ＨＩＶ‐ＡＩＤＳ、人の密輸、人身売買など、である。

急速な都市化は、今日の世界の最も重要な傾向の一つである。気候変動、環境悪化、財政的・経済的不安定、政治紛争、ますます不足する若者への職の機会といった、他の多くの世界的徴候と相互に作用し、その発展の度合いを強めている。

難民に流入された国では、難民・移民への外国人嫌いと差別感情が高まり、統合・定住政策の実施を妨げている。彼らは、労働搾取、雇用主による不当な扱い、性的暴行、家庭内暴力、その他の犯罪の犠牲者となるが、彼らに危害を加えても、加害者は非難されない雰囲気がある。

移住や庇護制度を犯罪・罰則化すると、その社会的、法的、経済的結果は明らかである。彼らを地下に潜らせ、搾取や抑圧の対象とし、人間の尊厳を侵害する可能性を高める。難民を犯罪人とみなし、罰則を与えるやり方は、非生産的で逆効果である。


難民がコミュニティの境界を越え、国境を越えて移動を続ける時、彼らの生々しい経験を表現しようとするだけではなく、彼らの法的地位や権利を直接に、継続して再定義しなければならない。概念の範囲と境界を理解するための、適切な分析枠組みとともに、難民の定義への議論が残っている。この問題への理論的方向を示すものが求められている。

どのようなやり方で、難民や強制移動民は、現代の生々しい経験に基づいて再概念化が可能となるのか。私は、強制移動研究の学際的な性格を認め、それに拠ることが、価値あるものと考える。それにより、強制移動の因果関係を理解し、課題に効果的に対処する実際的な技術を求め、難民を援助し、的確に計画を開発することは、人的避難の根本原因に取り組む上で重要である。

庇護は、世界各国の地域的に異なる基準や、しきたりの欠如などの問題があって、与えられたり、否定されたりしている。プッシュ－プルの諸要因も多様化してきた。しかし、強制移動研究と、難民法の範疇としての、難民もしくは強制移動民の伝統的な定義は、確実に進化してきた。

庇護を求める人々のための保護と支援は、二一世紀が作り出し、受け継いだものである。この課題は、現代の危機事態への疑いであり、問題の先触れである。移動状況の中で生きる難民たちは、帰還、統合、定住、そして過去を証明する必要（迫害、拷問、トラウマ事象）といった、制度的な枠組みに縛りつけられている。

難民の現実を通り抜け、日々の問題へ対応する中で、難民自身は個々に、〝どこか〟と想像される望ましい未来を思い描いたり、母国や周囲との関係を管理することに時間を費やさざるを得ない。

人々の熱望、それは彼らを移動に駆り立てる強力な原動力である。しかし、個人として、家族として、もしくは難民社会として、彼らがその熱望を追求することが、即彼らの能力や機能の改善につながるかどうかは、疑問である。人々の願望を理解し、望む能力を理解することは、苦難にあった人々の理解と支援には決定的に重要である。

人間生活の大半は、移動の話である。人々は、より良い仕事やより良い生活を求めて移動する。そして成功をおさめれば、彼らは成果や能力が評価され、社会経済的な階段を上っていく。

最後に、ナカニシヤ出版編集部の米谷龍幸氏には、大変お世話になった。研究書という性格上、出版状況が厳しい中、様々な配慮と便宜をはかっていただいた。記して、厚く御礼を申し上げたい。なお、本書の出版にあたっては、大東文化大学特別研究費研究成果刊行助成をいただいた。厚く感謝を申しあげたい。

二〇一五年七月

小泉康一

the Right to Asylum", in *Refugees and Forced Displacement*, edited by Newman, Edward and van Selm, Joanne, United Nations Press, pp. 181-194.
Lindley, Anna (2008), *Conflict-Induced Migration and Remittances: Exploring Conceptual Frameworks*, Working Paper Series, No. 47, Refugee Studies Centre, University of Oxford.
Loescher, Gil (2001), "The UNHCR and World Politics: State Interests vs. Institutional Autonomy", *International Migration Review*, Vol. 35, No. 1, the Center for Migration Studies of New York, pp. 33-56.
Marfleet, Philip and Chatty, Dawn (2009), Iraq's Refugees: Beyond 'Tolerance', *Forced Migration Policy Briefing*, No. 4, Refugee Studies Centre, University of Oxford.
Martin, Susan (2001), "Forced Migration and Professionalism", *International Migration Review*, Vol. 35, No. 1, the Center for Migration Studies of New York, pp. 226-243.
Martin, Susan, I. Schoenholtz, Andrew and Fisher, David (2005), "The Impact of Asylum on Receiving Countries", in *Poverty, International Migration and Asylum*, edited by George J. Borjas and Jeff Crisp, pp. 99-120.
Milner, James and Loescher, Gil (2011), Responding to Protracted Refugee Situations: Lessons from a Decade of Discussion, *Forced Migration Policy Briefing*, No. 6, Refugee Studies Centre, University of Oxford.
den Otter, Vera (2007), "Urban Asylum Seekers and Refugees in Thailand", *Forced Migration Review*, No. 28, Refugee Studies Centre, University of Oxford, pp. 49-50.
Troeller, Gary (2008), "Asylum Trends in Industrialized Countries and Their Impact on Protracted Refugee Situations", in *Protracted Refugee Situations: Political, Human Rights and Security Implications*, edited by Loescher, Gil, Milner, Newman and Troeller, Gary, United Nations Press, pp. 43-68.
UNHCR (2012), *The State of the World's Refugees: In Search of Solidarity*, Oxford University Press.
Weiner, Myron (1996), "Ethics, National Sovereignty and the Control of Immigration", *International Migration Review*, Vol. 30, No. 1, the Center for Migration Studies of New York, pp. 171-197.
小泉康一（1998）『「難民」とは何か』三一書房
――――（2005）『国際強制移動の政治社会学』勁草書房
――――（2009）『グローバリゼーションと国際強制移動』勁草書房
――――（2013）『国際強制移動とグローバル・ガバナンス』御茶の水書房

参考文献

Buscher, Dale (2011), "New Approaches to Urban Refugee Livelihoods", *Refuge*, Vol. 28, No. 2, the Centre for Refugee Studies, York University, pp. 17-29.

Chimni, B. S. (1998), "The Geopolitics of Refugee Studies: A View from the South", *Journal of Refugee Studies*, Vol. 11, No. 4, Oxford University Press, pp. 350-374.

Collinson, Sarah (2009), *The Political Economy of Migration Processes: An Agenda for Migration Research and Analysis*, Working Paper No. 12, International Migration Institute, University of Oxford.

Collyer, Michael (2005), "The Search for Solutions: Achievements and Challenges", *Journal of Refugee Studies*, Vol. 18, No. 3, Oxford University Press, pp. 247-257.

Crisp, Jeff (2003), "Refugees and the Global Politics of Asylum", in *The Politics of Migration: Managing Opportunity, Conflict and Change*, edited by Spencer, Sarah, the Political Quarterly Publishing, pp. 75-87.

——— (2008), Beyond the Nexus: UNHCR's Evolving Perspective on Refugee Protection and International Migration, *NEW ISSUES IN REFUGEE RESEARCH*, Research Paper No. 155, Policy Development and Evaluation Service, UNHCR.

Feinstein International Center (2012), *Refugee Livelihoods in Urban Areas: Identifying Program Opportunities, Recommendations for Programming and Advocacy*, Tufts University.

Fielden, Alexandra (2008), Ignored Displaced Persons: the Plight of IDPs in Urban Areas, *NEW ISSUES IN REFUGEE RESEARCH*, Research Paper No. 161, Policy Development and Evaluation Service, UNHCR.

Harrell-Bond, Barbara (2006), "Along the way home", *Politics*.

Harris-Rimmer, Susan (2010), Refugees, Internally Displaced Persons and the 'Responsibility to Protect', *NEW ISSUES IN REFUGEE RESEARCH*, Research Paper No. 185, Policy Development and Evaluation Service, UNHCR.

Jacobsen, Karen (2006), "Editorial Introduction", *Journal of Refugee Studies*, Vol. 19, No. 3, Oxford University Press, pp. 273-286.

Jacobsen, Karen and Landau, Loren (2005), "Recommendations for Urban Refugee Policy", *Forced Migration Review*, No. 23, Refugee Studies Centre, University of Oxford, p. 52.

Koser, Khalid (2004), "Reconciling Control and Compassion? : Human Smuggling and

人名索引

A-Z

Buscher, D.　148, 149, 152, 154-159

Chatty, D.　135, 139, 140, 148, 149, 153, 157
Chimni, B. S.　135, 137, 142, 144, 147
Collinson, S.　157, 159
Collyer, M.　143, 148, 153
Crisp, J.　137-139, 144-147, 149

den Otter, V.　145, 153

Fielden, A.　140, 152, 156
Fisher, D.　137-139, 145

Harris-Rimmer, S.　139-141

Jacobsen, K.　136, 138, 152, 154-156, 158, 159

Koser, K.　145, 146, 149-151

Landau, L.　155, 156, 158
Lindley, A.　136

Marfleet, P.　135, 139, 140, 148, 149, 153, 157
Martin, S. I.　137-139, 142-147, 151, 153-157
Milner, J.　149, 157

Schoenholtz, A.　137-139, 145

Troeller, G.　143, 145-147, 149

Weiner, M.　138-141, 145, 146, 148

あ-ら行

アナン，K.　143

ヴァン・ハーベン・グートハート（van Heuven Goedhart, G.）　40

緒方貞子　48
オッケ（Hocke, J-P.）　47

カーン（Khan, S. A.）　44, 45

グテーレス（Guterres, A.）　52
クリントン，B.　146

シュニーデル（Schnyder, F.）　44, 45

ハートリング（Hartling, P.）　45
ハレルボンド（Harrel-Bond, B.）　137, 138, 139, 141, 142

ブレア，T.　76

リンツ（Lindt, A. R.）　42

ローシャー（Loescher, G.）　137, 139, 141-144, 146, 157

——人　104
——難民　48
流入抑止策　*iii*
領域外アプローチ　76
領域外審査　*ix*, 64
——の問題　76
旅行文書　112
臨時雇い　122
倫理の問題　*ix*

ルーマニア　150
——人の入国許可　58
ルワンダ　8, 22, 47, 58
——難民　82
——難民キャンプ　20
——紛争　140

冷戦　38
——期の入国者　49
——のイデオロギー競争　40
——の終結　83
——の道具　40
レバノン　84
——のイラク人居住者　124
連絡網の強さ　107

労働移民　102
労働許可（証）　68, 79, 103, 112
労働権　78
労働搾取　163
老齢者　120
ローデシア　24
ローンや貯金　109
ロシア連邦　59
ロヒンギャ族　33, 142
ロンドン　67
——警視庁　80

ボスニア・ヘルツェゴビナ　20
ボスニア連邦政府　153
補足的な合意　21
ボランティア組織　46
本国への帰還　32　→帰還
香港の中国難民　41
翻訳費用　106

ま行

マーストリヒト条約　63,147
マイアミ地区　71
マイクロクレジット　113
マイクロソフト　12
マイクロファイナンス　128
　——制度　109
マイクロ保険　129
マクロ経済改革　8
マケドニア　24,56
麻薬や武器輸入　90
マラウイ　83,145
マルタ　87
マレーシア　59

未成年で結婚　80
密入国　88,150
密輸入　88
密輸ブローカー　*iii*,14,59,64,77,88,150
密輸ルート　91
南アジア　31
南アフリカ　14,61,85,96,98,112,126,138,149,154
　——難民のキャンプ　24
南スーダン人　104
南の国（々）　*iv*,61
身分証明書（顔写真つき）　112
ミラノ　73
民間援助団体　46　→NGO
民主コンゴ　48
民族コミュニティ　131
民族差別　109
民族主義者　70
民族浄化　20,28,48
　——の犠牲者　137
民族ネットワークの相互扶助　*v*
民族紛争　8

無国籍者　*vi*,15,162
ムスリム　69,73
　——下層社会　69
　——難民　153
　ラカイン州の——　141
無料の子弟教育　113

メディアの論調　66
メデジン　100

目的国での役割と責任　162
モザンビーク　24
モスク　130
モロッコ　42
問題ある非市民　*iv*
モンロビア　104

や行

薬物・武器の密輸　60
家主との交渉上の弱さ　118
家主の恣意的な追い出し　158

有効な文書　88
ユダヤ人　102
ユダヤ難民　93,151

抑圧社会　81
汚れ仕事　12
ヨハネスバーグ　67,96,121,154
　——のソマリア人　130,158
　——の貧民　122
予防的保護　11,34
ヨルダン　21,26,58,83,147,152,161

ら行

ラカイン州　33

離散した家族　57
リベリア　6,20,24,27

不正書類　88
――での入国　150
武装勢力　24
――の管理下　139
――の存在　23
武装民兵　23
不足する若者への職の機会　163
負担分担　21
復興　51
復興援助　102
物質的な必要物　12
プッシュ－プルの諸要因　164
フツ族政権　22
船で到着する庇護民　74
不平等な権力力学　17
不法移民のデータ　90
不法居住地区　99
不法な国境越えの活動　60
不法に居住する人　112
不法入国　*v*,68,149
不法の労働形態（不法労働）　121,122
フランス　42,147
――の同化モデル　69
武力紛争　3
――地域　20
――と地域での暴力　61
プル要因　101
ブルンジ　6
――・コミュニティ　159
――人　158
――での虐殺　159
ブルンジ難民　82
――定住地　155
文化・言語の違い　116
文化衝突の前兆　49
文化的アイデンティティへの脅威　71
文化的阻害要因（性別役割）　127
文化的多様性　102
文化の間の統合と対話　73
分散した人々　97
紛争解決　34
紛争下の弱者集団　28
紛争から逃げる民間人　137
紛争後社会（紛争後の脆い社会）　151
紛争当事者　26
紛争を都市化する危険性　100

米ソの代理戦争　45
平和構築　34
平和（の）維持　13,25
――活動　50
ペルー　152
ベルギー　76
――の「国際危機グループ」(ICG)　35

包括的行動計画（CPA）　132
包括的なアプローチ　50
亡命（という見方への）偏り　38
亡命の意味　*v*
暴力の犠牲者　133
暴力紛争　81
ホームレス危機　157
ポーランド　14,138
補完的な仕組み　*iii*
補完的な保護　70
北欧諸国　*vii*,63,69,72,82
保健医療　113
――サービス　101,133
保護区域　76
保護空間　21
母国への襲撃　24
保護する責任　28,140
ボゴタ　100
保護の問題についての対話　52
『保護への課題』　66
ホスト国　96,99,112,115,150
――の受容力　104
――の（難民）政策　104,107,112
→受入国の政策と実施措置
ホスト社会側からの敵意や憤り　133
ホスト政府　98,105,109,155
ボスニア　11,47
――人　58,115
――難民　102
――紛争　26,49

——の是非を審査する制度（難民認定制度） 78
——の抑制 83
——への規制措置 58
——ルート 13
——を与えられた人々 71
——を拒否された（却下された）人 49,70,150
——を求めての移住 77
庇護漁り 7
〈庇護－移住〉 54
——の結びつき 53,67
非合法の庇護民 68
非合法の人々 68
庇護が拒否された人の帰国問題 54
庇護国 22,46
——での活動 19
——の脆弱性 87
庇護社会 86
庇護審査と保護への新国際アプローチ 147
庇護申請 *iii*,88 →難民認定（の申請）
——を拒否された人 112
庇護申請者 *i*,16,47,54,59,69
庇護申請書（難民認定申請書） 58
庇護疲れ 70
庇護民 *i*,59,115
——が支払う税金 103
——という法的地位 78
——・難民の利益 81
——の追い返し 82
——の排除 82
——の法的地位 106
ビザ管理 138
ビザ取得の義務化 14
ビザ取得の要求 62
非自発的な定住 160
非地元民の失業率 145
非正規移住 69
非正規移民 *v*
非正規定住地 85
非正規の市場 123
非正規の教育機会 129
非正規の職場 129
非西洋からの庇護申請者 37
否定的なイメージ 60
否定的な対処戦略 122
否定的なメディア映像 148
非同化の人 69
人の国際移動 113
人の密輸 59,89,91,93,163
——の研究 151
人々の生活戦略 120
人への猜疑心 159
避難 *i*
——の長期化 6,85,86
避難原因の多様化 *i*
避難させられた人々の物理的安全 21
避難・逃亡の原因 38
避難民キャンプ 97,100
非認定の難民への帰還支援 146
ヒューマン・ライツ・ウォッチ 151
費用と利益 81
ビルマ 33,85
ビルマ・チン族 108,154
——難民 121,157
——の女性 125
広く関係する人々 10
貧弱な都市インフラ 152

ファタフ・サーリス 157
フィリピンのピナツボ山噴火 140
ブータン難民 141
フォード財団 40
不寛容と無関心 72
不規則移動 59,62,87,149
——者（不規則に移動する人々） *iv*,7
——の人々（不法入国者） 54
不規則移民（不法移民） 14,88,89,153
——への定期的な恩赦 60
不規則な第二次移動 104
武器の供与 43
武器・麻薬の密輸 31

西側諸国（西側の国々）　83
——の難民政策　49
西側メディア　8
西ベルリンの難民危機　41
偽の ID 書類　60
偽の書類　150
二大強国の覇権争い　47
日本　*iii*
入国管理当局　79
入国規制　13
入国許可　81
入国審査官の買収　60
入国審査の手続き　88
入国制限措置　70
入国政策と庇護政策の間に軋轢　72
〈入国〉と〈庇護〉　70
入国の仕方のノウハウ　13
入国・庇護措置　63
入国ビザ　71
入国抑制策　84
ニュージーランド　75,138
ニューデリー　96,108,121,123,125,129,156
人間移動　*i*
人間開発の援助　*ii*
人間の安全保障　28
人間（の）避難　3　→避難
——の政治　15

ネットワーク研究　131
ネパール人　141
ネパールのブータン難民　32

望まない移民　14
ノルウェー　*vii*,79
——でのベトナム難民の調査　108
ノルウェー船籍の（貨物船）タンパ号　75,147

は行

ハーバード大学の 2013 年の調査　149
ハイチ　22,48,71
——人　146
——庇護民　146
ハイデラバード　96
パキスタン　5,23,61,83,150
バクー　152,156
迫害された民族少数者　80
迫害の危険　92
迫害や武力紛争で国を離れた人（難民）　67
橋渡し役の特別警官　80
パトロール船　87
バランキージャ　100
バルカン危機　48
バルカン半島　64
ハルゲイサ町　100
バルト諸国　82
パレスチナ化　*viii*
パレスチナ人　21
パレスチナ難民　135
反移民感情　111
——を利用　80
ハンガリー　150
——危機　41
——難民　41
バンクーバー　131
バングラデシュ　33,142
——危機　44
犯罪ネットワーク　91
阪神淡路大震災　140
反政府軍の攻撃　100
反政府ゲリラ活動　45
反政府の武装集団　28
反難民感情　79

非移民国　137
東ティモール　27,139
東パキスタン　45
引き換え券　79
庇護　54,59,115,164
——権　81
——政策　71
——手続き　90
——とその審査の問題　77
——と入国問題　59,60

——の高い失業率　109
——のための解決策　146
——の適応　75
——の土地所有　158
——の能力　99
——の法的地位　105
——の役割の認識　132
——への敵意　115
——への無償教育　156
難民移動　62
難民・移民への外国人嫌いと差別感情　163
難民援助計画　83
難民援助へのドナー　115
難民危機　56
難民キャンプ　5,11,87,97,160
——での維持費用　145
——の軍事化　24,31
難民救済援助　44　→人道援助（難民援助）
難民・強制移動民　29
——の保護　30
難民経験　*vi*
難民高等弁務官補佐　144
難民・国内避難民　45
難民コミュニティ　136
難民雇用　128
難民参加の促進　35
難民支援　160
難民自身の参加　132
難民集団との連携　132
難民集団は頻繁な移動を強いられている　158
難民出国の根本原因　47
難民主導の教育　158
難民主導の自発帰還計画　33
難民女性　101
——と子供　66
難民申請の処理　60
難民申請の審査　111
難民申請の乱用　54
難民政策　39
難民戦士　23
難民戦士社会　46
難民選別　*viii*
難民創出状況　49
難民定住計画　69,76,77　→定住計画
難民同然の人たち　106
難民登録　66
難民認定（の申請）　*iii*
——手続き　50
——（の）インタビュー　58
——の手続きと基準を書いたハンドブック　46
——（の）プロセス　59,74
難民の移動の自由という権利　62
難民（の）研究　36,61,117
難民の地位　*vi*,16,17,96
——に該当する人々　6
難民の「定義」　*vi*　→難民条約の定義
——の厳格な適用　64
——への議論　164
難民（の）保護　131
——原則　52,54,83
——と国際移動の問題　53
難民のような状況　140
難民庇護が陰る　5
難民・庇護申請者　115
——の社会的凝集力　17
難民・庇護民　44,157
難民・避難民　85
——のラベル　153
難民封じ込め　4,49
——戦略　38
「難民保護と混合移住についての10の行動計画」　64
難民問題　40
——での国際行動　44
難民流出の根本原因　8
難民労働者　23

ニカラグア　59
肉体的・精神的な問題　117
西アフリカ　31
——平和維持軍　20

定住国　86
定住した人々　69
定住統合　69
定住難民　102
定住枠（定住割り当て枠）　*vii*, 94
　——の少なさ　136
データの取り方　150
テロ　60, 79
　——活動の源　31
伝統的な人道救援　48
伝統的な難民　10
デンマーク　73, 76, 135, 147
　——の調査（2000年）　154

ドイツ　*viii*, 14, 58, 63, 73, 93, 102, 138, 145, 147, 150, 153
　——連邦難民事務所　150
東欧からの難民　40
統合・定住政策　163
統合の問題　4
当初の便利袋　156
同性愛者　107
同族の相互扶助協会　126
道徳的考慮と国益のバランス　27
道徳的なジレンマ　20
東南アジア　31
同胞の民族社会　117
独裁国家　71
独立した資金源　56
都市化された帰還民　100
都市区域の難民についての政策　95
「都市区域の難民への保護，解決と援助——指導原則と良い事例」　96
都市計画　157
都市郊外のスラム街　97
都市内での移動　100
都市難民（都市に住む難民，都市に流入する難民）　17, 95, 99, 122, 129, 163
　——の推定数　153
　——のニーズ　104
都市に住む国内避難民（都市IDP）　97
都市避難民　114
都市貧困　100
都市貧民　101
途上国での難民の大量流出　44
途上世界の難民　44　→第三世界（から）の難民
留まる権利　11
ドナー　44, 46, 51, 57, 83, 86, 104, 105
　——依存　70
　——国（資金供出国）　32, 36
　——政府　10, 51, 144
トラウマ事象　165
トルコ　26, 87, 150
　——空軍による爆撃　24
　——南部での内乱　47
トロント　130

な行

内戦　80
ナイロビ　67, 108, 123
ナウル　74, 75, 147
ナゴルノ・カラバフ　152
南部アフリカ　31, 45
南米　31
難民　*v*, 69
　——という範疇　68
　——と国際安全保障　22
　——と認定された人　71
　——に国際保護を与える　51
　——に奨学金　134
　——にとっての帰還の意味　161
　——になる　128
　——の家族再会　102
　——の緊急ニーズ　122
　——の権利　103, 109
　——の国際保護　86
　——の資格基準　53
　——の自立　5, 113
　——の生活対処戦略　104
　——の脆弱性　80
　——の世話　83
　——の相互扶助組織　131
　——の尊厳　86

第三世界　38,42
——（から）の難民　8,37,38
——での覇権　43
第二次移動　86,88
第二世代の移民の統合　73
第二の冷戦　46
太平洋の他の島嶼国　74
逮捕と（や）勾留の怖れ　126,163
代理戦争の産物　47
対立する道徳　72
滞留難民状況　4,62,136
滞留難民の問題　86
大量虐殺（ジェノサイド）　8,20,28
大量出国　42
大量追放の犠牲者　49
大量難民　82
——の流出防止　14
大量避難　6
——の危機　27
大量流出状況　66
——での保護問題　66
他国からの人々の人権の問題　81
多国籍軍　11
他国の干渉からの自由　141
他国への軍事介入　81
多数者集団と新着集団　116
ダダーブ町　84
脱走者　40
多党制の導入　83
ダブリン条約　63
多文化主義　4
ダマスカス　119,161
タミール人　79
多様な行為者　50
多様な収入経路　129
タリバーン　5
誰を難民と数えるべきか　119
団結と国際主義の原則　38
タンザニア　5,20,22,23,32,82,139
——難民法　23
タンペレ宣言　66

地域社会の指導者　156
地域審査センター　76,147
地域内での保護センター　139
地域紛争の袋小路　47
地域紛争の源　31
チェコ　138
違いの神話　62
地球温暖化　135
地政学上の利益　21
地政学的関心　45
地中海　87,144
地方自治体への事業移管　102
地方政府（地方当局）　113,127
——と企業　127
中央アジアの国々　73
中央アメリカ　23,45
中国　25,59
中東　*vii*,31,87
中等教育　129
中米　31
中立性と不介入の原則　55
中立の人道行為者　55
チュニジア　42
超過滞在　68
——者　84
長期化した一時性　5
長期化するキャンプ滞在　46
長期的な経済統合　68
長期の滞留状況　46
長期の滞留難民　32
長期の滞留避難民　31
長期の亡命状況　84
チリ　45

通過国　89,150
通過プロセシングセンター　147
通常の使用法　*vi*
通常の難民　62
通訳者の信頼性　98
ツチ族　22

定住　160　→第三国定住
定住計画　64,101
——への斡旋　113

制限的な庇護制度　14
成功した移民　109
性搾取的な労働　122
政策と現実の間に裂け目　69
政策立案者　71
政治資産　131
政治指導者　80
政治的・軍事的な介入　10
政治的怠慢　10
政治的な袋小路　85
政治的迫害　3
政治的反対者　6
政治難民　37
政治庇護　13
脆弱性　105
政治理論　72
性的嫌がらせ　126
性的搾取　101
性的暴行　163
　——の対象　126
制度的な委任事項　25
政府からの追加援助　152
性暴力の被害　126
世界銀行　51
世界サミット　28
世界人権宣言　62
世界的なメディア　9
世界の難民　136, 163
世界の入国管理政策　*iv*
世帯の対処戦略，生存戦略　120
セックス産業　126
絶望した沢山の人々　149
セネガル　100
戦火被災民　11, 49, 55, 56, 137
1997 年の UNHCR 政策　151
1951 年国連難民条約　*vi*　→国連難民条約
1967 年難民議定書　45
選挙の票目当て　115
選挙民の支持　80
潜在的移民　65
先住民　15
先進国での庇護危険　74
先進国の入国制限策　38
先進国へ不規則に入国する人々　53
戦争経済　139
戦争犯罪　28
専門職認定制度　108

送還　163
　——安全国リスト　73
早期警戒　29
送金　84, 120
相互依存する世界　84
ソーシャル・メディアの活用　156
組織文化の改変　162
その時代の常識　37
その他の紛争の犠牲者　10
その土地の NGO　57
その場にとどまる人　*i*
ソビエト・ユダヤ人の定住　108
ソフトパワー　30
ソフト・ロー　30
ソマリア　6, 20, 48, 58, 85, 100, 120, 139
　——からの畜牛貿易　108
　——帰還民　100
　——人　67, 85, 96, 125, 130, 152
　——人居住区メイフェア　131
　——人女性　131
　——との家畜交易　123
　——難民　84, 130
ソ連　43
　——圏　42

た行

タイ　145, 153
　——・カンボジア国境　23
　——政府の命令　58
第一次庇護国　75, 95
第一世代の男性移民　154
大学にある訓練計画　57
大国の利益の代弁者　33
滞在期間の長さ　154
滞在許可書　109
第三国定住　*vii*
　——の可能性　98

情報戦略　146
条約難民　*vi*
――の地位　72,82
職業斡旋計画　128
職業訓練コース　128
職場での搾取　17
職への促し　128
植民地解放　44
――の戦い　43
女性が家長の家族　125
女性器の切除　80
女性・子供の人身売買　31
女性・子供の性的取引　60
女性難民　108
初等教育　113,129
書類なしでの入国　150
シリア　6,21,26,83,147,152,160,161
――難民　160
――の内戦　9
自立の推進（促進）　95,117
人権　13
――の大量侵害　15
――の保護　12
人権侵害　5,48,116
――の監視　25
――の予防　28
人権組織　51
深刻な看護師不足　112
審査経費　148
審査センター　76
審査の下請け化　77
人種主義　*iii*,4
人身売買　*iv*,91,163
――産業　59
――の犠牲者の送還　64
人身擁護と良い統治　65
新世代の難民　61
人的資本（人的な資産）　127,154
人的な資産　127
人道援助（難民援助）　*ii*,26,36,50
――の供与　10
――の資金　77
――物資の配布政策　26
人道活動　23,52
人道機関　51
――の活動者　25
人道危機　12
人道的介入　20
人道的緊急状況　48
人道的空間　139
人道的反応　*ii*
人道と開発活動の間　51
人道に反する犯罪（人道への犯罪）
27,28
人道ビザ計画　65
人道法　25
人道問題作業グループ　49
真の難民　61,73,97,111
ジンバブエ　85,157
――人　131
――難民　24
信用組合　109
心理的なカウンセリング　145
森林の開墾　122

スイス　103,137
スウェーデン　103,135,137,147
スーダン　157
――人　96,152
――南部　44,45
――難民　136
――難民キャンプ　24
――・ハルツーム　97,156
スタッフの訓練　13
スペイン　87,137,147
スラム住民　156
スリランカ　120
――での分離運動　47
――の津波　140

西欧　15
正確な原因国情報　112
生活維持の（ための）費用　79,148
生活はその日暮らし　122
正規移住（移民）のルート　68,85
正規移民（正規の移動）　*iv*,4

災害管理　57
災禍を逃れる人　21
再建　51
財政的・経済的不安定　163
再統合　45
再入国合意　63,90
在留期限切れの超過滞在　*v*
差別　106
更なる新しいアプローチ　38
ザンビア　24

シーカーン・キャンプ　157
恣意的な逮捕・勾留・追放　68,122,156
自営業　128
ジェット時代の難民　46
シエラレオネ　6,24,27
——難民　48
ジェンダーに基づく迫害　66
シオニスト概念　102
ジガンショール　100
資金のイヤーマーク化　57
資金の問題　33
自国内に留まりたいという傾向　137
自国の国内基準　72
自国民と他国民　72
自主定住の難民　124
自主的に帰国　75
慈善的な援助　47
慈善的な心を持つ個人　131
慈善モデルから自立モデルへ転換　133
質的調査　98
失敗国家　9
子弟教育　106,129
私的保証人計画　*viii*
自動的に難民　71
自発（的）帰還　*vii*,38
自発的な環境移住　140
自発的な庇護民　59
自分の意思を示した　40
市民権　71,107
——へのテスト　73
市民としてのアイデンティティ　73
市民の追い出し　20
市民の出国の禁止　148
市民の保護　25
地元の善意　112
地元の陳情活動団体　110
地元の貧民　116
地元の労働市場　133
地元民　80,83,110
——への競争者　110
社会資本　130
社会心理カウンセリング　133
社会的弱者　126
社会的な資産の再建　118
社会的な連絡網　117,123
社会的暴力　*ix*,3
社会福祉士　145
社会福祉に頼るというイメージ　60
社会への適応プロセス　117
社会連絡網（社会ネットワーク）　130,132,136
弱者グループ　133
弱体国家　152
借金地獄に陥る　109
宗教組織　131
集団の強制除去　*v*
収入創出プロジェクト　157
10の行動計画　146
十分根拠のある怖れ　88
受益者の目標への意識　133
主権国家　24
主権侵害　49
主権の定義　25
出国理由　96
主導的な国連の人道機関　56
首都モガジシュ内での戦闘　100
主要な難民危機　41
主要な西側政府　39
少額の助成金　156
将棋の駒　47,49
証拠の問題　61
少数者への圧迫　29
少数の残余の避難民　135

国務省の政策文書　146
国連安全保障理事会　22
国連改革計画　143
国連機関にはタブー　49
国連軍　20
国連憲章第七条　48
国連人権高等弁務官　20
国連人権高等弁務官事務所（OHCHR）
51
国連人道問題調整事務所（OCHA）
138,143
国連総会　43
――決議　28
――決議第六八八号　22
――の斡旋会議　45
国連総会特別政治委員会　38
（国連）難民条約　*vi*,38
――上の義務　103
――の原則　62
――の再確認　66
――の定義　15
――を過去の遺物（と発言）　66
国連難民高等弁務官事務所　10,19,
135,136　→UNHCR
国連の斡旋機能　44
国連の拷問条約　154
国連（の）平和維持軍　11,55
国連パレスチナ難民救済事業機関
（UNRWA）　135
国連PKO　49
国連保護軍　26
個人の強制退去　*v*
個人の政治的迫害　37
個人の匿名性　98
個人の持つ技術の程度　107
コソボ　27,48,140
――解放軍　24
――危機　12,51,137
――系アルバニア人　56
――人　115
――の人道危機　58
国家主権と不介入　20
国家主権の概念　24
国家の安全　94
――への脅威　90
国家（の）安全保障　34,71,101
国家の外交政策　71
国家の義務　24
国家の自発的な意思　24
国家の道徳義務　141
国境管理　*iii*,54
国境警備　138
国境での拘束のデータ　150
国境なき医師団　26
国境の安全保障　71
国境を越えた新しい社会ネットワーク
68
国境を開く義務　14
子供兵士の徴募　31
コミュニティ集団　79
コミュニティ組織　112
コミュニティ訪問員（保健，カウンセリングなど）　158
コミュニティ・ローン　129
雇用機会の欠如　105
雇用主による不当な扱い　163
雇用主の搾取　122
雇用主への助成金　128
雇用の可能性　107
殺される権利　11
コロンビア　6,85,100,152,153
コンゴ　26,85
――人　131,158
――人女性　158
――人の教会　159
――人の社会連絡網　159
ケープタウンの――人　96
混合移動の現象　146
コンピューター化された登録のデータベース　12
コンベンション・プラス　132

さ行

ザイール　20
――東部（現コンゴ民主共和国）
22,23

結核　101
結果の可能性　81
ケニア　157
——人労働者　82
——のカクマ・キャンプ　104
権威主義的政府　83
原因国　20,46,58,86,88,150
——での状況　61
——の責任　27,38
——の潜在的安定性　151
現金援助　113
言語の壁　129
現地定住　*vii*
現場での運び屋　91
権利に基づくアプローチ　53

小商い　122
行為の道徳性　81
高学歴の定住難民　108
強姦や逮捕（誘拐）の危険　126,159
恒久的解決　*vi*
公共援助の利用　71
公共的価値　72
航空機への罰則　14,63
構造調整政策　82
構造的な不平等　29
公的な労働は禁止　121
高等教育　129
高度に軍事化され政治化された状況　23
広範な移住論説　67
合法的な移住の枠　68
拷問　116,165
——の犠牲者　154
勾留　*iii*,68
——センター　75,107
高齢者の難民　163
コートジボワール　48,61
語学技術の欠如　109
国外追放の失敗　60
国際アムネスティ　28,161
国際移住機関（IOM）　12,40,50,53,144　→IOM
国際移住という状況の中での難民保護と永続性のある解決　54
国際移住の問題　19
国際移動の流れ　4
国際移民　61
国際化された内戦　9
国際協力　*iii*
国際コーヒー市場の崩壊　8
国際人権法　11
国際人道援助　86
——制度　160
——の調整　44
国際人道機関（組織）　45,105
国際人道法　11,27
国際赤十字委員会（ICRC）　19,50,55,138
国際的な証人　52
国際的な人権　25
国際的な人口移動　27　→人の国際移動
国際的な責務　102
国際的に移動する人　*i*　→人の国際移動
国際難民機関（IRO）　*vii*
国際難民制度　49,50
国際難民法　55
——の「亡命偏重」　66
国際平和構築委員会　86
国際法　72
——違反　*iv*
国内移動民　98
国内外のNGO　149
国内で移動する人　*i*
国内での移動の自由　107
国内での拘束データ　150
国内の少数者集団　28
国内避難　66,137,160
国内避難民（IDP）　*ii*,10,16,21,25,97,143
——についての事務総長代表　51
——の保護　11,162
国内紛争　15
国内法　103

北の国々　62
北の有力国　61
ギニア　23,48,58,61,122
厳しい語学テスト　73
キプロス　44
基本的な公共サービス　149
基本的な生活必要物　121
基本的ニーズ　120
虐殺の意図　27
虐待と搾取　126
ギャング・リーダー　109
キャンプ内のフツ族兵士　23
9・11（のアメリカでの同時多発テロ）　4,9,67
救援から開発への移行期　51
急進的イスラム主義　79
急速な都市化　163
キューバ
——からの庇護民　146
——人　111
——人社会　71
——難民　111
——の米グアンタナモ（海軍）基地　22,146
——・マリエル港　111
旧ユーゴスラビア　14,48,58,139
給与の未払い　106
教育・訓練の利用　71
教育と技術　78
共産圏からの難民　40
共産圏諸国　33,44
共産主義から逃亡した人　40
共産主義の脅威　83
業者への刑罰　90
強靭さ　122
強制移動　*ii*,*vi*
——研究　164
——の因果関係　164
——の犠牲者　72
——民　*ii*,11
強制追い立て・立ち退き　118
強制（的な）帰還　*viii*,35
行政的な勾留　64
強制的な徴兵　24
強制的な追放　*iv*
強制避難　27
共通の入国政策　58
協同アプローチ　143
極右政党　80
居住許可権　117
居住数の“最良の推測”　124
居住を黙認　98
キリスト教徒　*viii*
緊急援助　41
緊急援助調整官　137
『緊急援助の取り扱いのハンドブック』　47
緊急事態　83

グアテマラ　59
空爆　26
草の根段階の相互作用　119
草の根での連絡網　132
国が自治体に補償　103
クラスター・アプローチ（クラスター制）　50,162
クルド人難民キャンプ　24
クロアチア人　58
グローバル化の力学　58,70
グローバル危機　*i*
グローバル協議　66
グローバル経済　83
グローバルな現象　7,112
軍事援助　44
軍事的な成功　161
軍人　50
——による保護　26
軍隊　20,50
訓練プログラム　57

計画された場所　97
経済移民　71,85
——の偽った動き　37
経済的・社会的権利の縮小　64
警察の手入れ　158
ゲイやレズビアン難民　126

か行

ガーナのブドゥブラム・キャンプのリベリア人　104
海外の主要空港への入国管理官の派遣　63
解決策運営グループ（SSG）　162
外国からの侵略　15
外国人移民　101
外国人嫌い　*iii*, 4
——と厳しい競争率　121
外国人への暴力行為　85
外国籍の犯罪者　145
外国大使館の家事使用人　123
海上での救助　144
海上での阻止　63
外人部隊兵士　31
街頭商い　122
介入　22
開発　13
——援助　44, 83
——機関　51
——プロジェクト　135
——問題　25
解放勢力　24
解放戦争　83
カイロ　136, 161
学齢期の難民児童　129
隠れた人々　98
カザマンス村　100
過重負担のシンボル　15
数の問題　153
家族移民　102
家族再会　71
家族全員の多様な収入　120
家族（と）の別離（分離）　27, 136
家族の地理的な分散・分裂　120
形，性質が異なる難民　62
各国の庇護政策　49, 59
家庭内暴力　80, 163
カナダ　*iii*, *vii*, 57, 59, 70, 71, 73, 89, 102, 130
——の調査　108
カナリア諸島　87
カブール　100, 123
カリブ海諸国からの難民の大量流出　46
カルタヘナ　100
——宣言　15
カレン族難民　5
環境悪化　*ix*, 163
環境的に避難させられた人々　140
環境難民　140
〈環境要因と移住〉の因果関係　140
歓迎されざる移住　73
寛大な庇護政策　38
簡単な審査基準　61
カンパラ　110, 121
——のコンゴ人女性　126
——のソマリア人社会　130
——の難民　158
カンボジア　58
管理された定住計画　147
官僚的対応　154
官僚的（な）障害　98, 158

キガリ　23
帰還　32, 47
——以外の解決の道　152
——計画　116
——の文化　35
——民　*vi*, 10, 49, 56
機関間常任委員会（IASC）　137
機関の「制度的能力」　56
起業訓練　128
危険度が高い職種　122
危険な入国行為　74
危険にさらされた少数者集団　20
気候変動　163
——と移住　54
帰国　*iv*
——計画　*iv*
——事業　51
技術的な基準　12
基準と資格　57
キセニ（Kisenyi）　158
北アフリカ　87

——した家族の送金　120
——社会　69
——の移動　58
——の密入国　*iv*
——を受け入れるイデオロギー的な信念　102
——論議　*iii*
移民国　*vii*
伝統的な——　115,137
移民・難民集団（難民社会）　69
イヤーマーク（あらかじめ使途を制限しない）　51
嫌がらせ　163
——と逮捕の恐怖　17
イラク　6,25,58
——からの人々　75
——攻撃　160
——国内の状況　35
——人の移動　119
——人の大量帰還　*vii*
——難民　*viii*,21,83,135
——難民救済計画　135
——のクルド地区　47
——報告　28
——北部　48,161
——北部での安全地帯　22
イラン　26,58,92
——人　90
——でのイスラム革命　47
——とオランダの間の密輸　150
イラン・イラク戦争　47
インド　154
インドシナ　45
——地域でのボート・ピープル　144
インドネシア　75
——・アチェ人　131

ウガンダ　45,106,139
——人の遊牧民　82
——当局　158
受け入れ国　58,71,115,150
——社会　69
——の住民　80
——の政策と実施措置　80
受け入れ国民が持つ外国人嫌いと差別　80　→ホスト社会側からの敵意や憤り
受け入れセンター　107,161
受け身の保護　29
疑わしきは被告人の利益の原則　112
海からの移住の問題　53

永久に移動する人　*i*
永住　71
エイズ治療　101
永続性のある解決（策）　34,54
エジプト　*viii*,84,87,98,152,160
——政府　155
——の難民政策　104
選り好み　*viii*
エルサルバドル　59
援助と保護　86
援助を必要とする広範な人々　49
円卓会議　51

追い出されない権利　11
欧州　3,14,57,69,79,87,116
——の戦後復興　39
——の周りに防御柵　66
——への入国ルート　13
欧州難民　8,37,38,42,44
オーストラリア　*iii*,*vii*,3,59,62,74,75,94,102,115,138
——には難民船の漂着　147
オーストリア　103
——政府の戦略的提言　66
お客さん　107
お客さんか，訪問者　157
押し出し因　88
脅し　106
親に伴われない子供　78
オランダ　59,73,76,90,109,137,145,147
——語の学習クラス　109
——はもう沢山の感情　145

——人　8
アフリカ大湖危機　20
アフリカ大湖地域　27,31
アフリカ統一機構（OAU）　15
アフリカの角（地域）　23,31,45,77
アフリカの都市　17
——難民　132
アフリカ連合（AU）　15
アムステルダム条約　147
アメリカ　*iii*,*vii*,3,4,10,14,16,20,22,25,37,39,41,43,50,57,59,63,69-71,73,79,102,138,154,160
——の外交政策　146
——のキューバ人社会　71
——の自己イメージ　102
——のハリケーン・カトリーナ　140
——・マイアミでの労働市場の影響調査　111
アメリカ沿岸警備隊　146
アメリカ難民移民委員会　85
アラブ諸国　*viii*,84,119
アラブのイデオロギー　104
アルジェリア難民危機　42
アルゼンチン　45
アルバニア　24,27,56
——系コソボ人　103
——のコソボ難民　12
アレッポ　161
アンゴラ　157
——のナミビア難民　24
安全地帯作りのための軍事介入　50
安全な帰還　34
安全な第三国協定　73
安全な第三国制度　64
安全保障上の懸念　70
安全保障と主権　28
安全保障問題　9
安全保障理事会（安保理）　9,29,48,51,116,146
アンマン　119,161
（暗黙の）了解　161
域内国家　31
イギリス　60,63,66,73,75,76,79,80,88,93,135,137,145,160
イギリス難民評議会　121
生贄の羊　60
移住管理　65
移住産業　7
移住情報キャンペーン　65
移住と安全保障　54
移住と開発　54
移住と庇護問題　59
移住の商業化　91
イスタンブール　161
イスラエル　102
イスラムを捨てない人々の統合　69
以前の職業経験　127
イタリア　137,147
一時しのぎの家（掘っ立て小屋）　118,156
一時滞在国　162
一時滞在の移民労働者　*iii*
一時的な法的地位　136
一時的に移動する人　*i*
一時的避難　5
一時（的）保護　34,48,66,102,150
一時保護者　99
いつかは帰国できるという神話　136
一見したところ　42
一党制国家　83
一般的な人道機関　12
一般的な暴力　15
移転プロジェクト　160
移動研究の主要な課題　16
移動志向の時代　*i*
移動の根本原因　22
移動の女性化　*i*
移動は選択であるよりも必要物　119
意図的な避難・追い出し　6
委任事項　50
——と力量　56
——の裂け目に落ちた人道問題　143
移民　*i*

事項索引

A-Z

CDR　144
CNN 効果　12
EU　58,60,73,76,77,87,102,153
　——移民大臣会議　63
　——加盟国　63
　——共通の庇護政策　147
　——首脳会議（フィンランド・タンペレ）　147
　——での庇護政策　147
　——の基準　*viii*
exile bias　*vii*
HIV/AIDS　82
ID カード　63
ILO　144
IMO（国際海事機関）　144
Internal Displacement Division　138
Internal Displacement Unit　138
IOM　75
NATO　48,137
　——軍　51
NGO　26,50,161
　——のサービス供与　117
　——や宗教団体　80
OAU 条約　37,139
ODA の額　115
OECD　145
　——諸国　111
Refugee　52
safe return　34
The Pacific Solution　147
The State of the World's Refugees　52
UNHCR
　——が関わる人々　*vi*
　——からの援助　131
　——規定　43
　——執行委員会　53,85
　——事務所　152
　——のイデオロギー　142
　——の委任事項　11,34
　——の介入　42
　——の概念　53
　——の活動　44
　——の強制帰還　33
　——の支援計画　*viii*
　——の自立性　50
　——の自立性と権限　142
　——の難民　42
　——の「評価・政策分析課」（EPAU）　95
　——の役割　37
　——バンコク事務所　58
warehousing　5
WFP　50,138

あ行

愛国的で外国人嫌いの主張　61
アイデンティティ　4
　——政治　7
アイルランド　137
アジア・アフリカでの新興独立国　44
アジア人　8
アジアの国々の大学　57
新しいアプローチ　38
新しい戦争　9
新しい難民（庇護民）　61,62,66
新しい難民危機　45
斡旋　41
圧迫的な徴兵　24
圧力団体　68
アデン湾　144
アフガニスタン　6,9,45,75,85,120,161
　——人　5,108,147
　——人男性　123
　ヒンドゥー・シークの——　126
アフガン難民　100
アブハジア　51
アフリカ　43,45,57,107
　——移民　87

■著者略歴
小泉康一（こいずみ・こういち）
1948年　仙台市に生まれる
1973年　東京外国語大学インドシナ科卒業
1977年　東京外国語大学大学院修士課程修了
国連難民高等弁務官事務所（UNHCR）タイ駐在プログラム・オフィサー，英オックスフォード大学難民研究所客員研究員，ジュネーヴ大学国際関係高等研究所で研究に従事
現　在　大東文化大学国際関係学部教授
専　攻　難民・強制移動民研究
主　著　『「難民」とは何か』（三一書房，1998年），『国際強制移動の政治社会学』（勁草書房，2005年），『グローバリゼーションと国際強制移動』（勁草書房，2009年），『国際強制移動とグローバル・ガバナンス』（御茶の水書房，2013年），Koichi Koizumi and Gerhard Hoffstaedter（eds），*Urban Refugees: challenges in protection, services and policy*, Routledge, London, 2015，他

グローバル時代の難民

2015年10月15日　初版第1刷発行

著　者　小　泉　康　一
発行者　中　西　健　夫

発行所　株式会社　ナカニシヤ出版
〒606-8161　京都市左京区一乗寺木ノ本町15
TEL　(075)723-0111
FAX　(075)723-0095
http://www.nakanishiya.co.jp/

装幀／白沢　正　印刷／創栄図書印刷　製本／兼文堂
＊乱丁本・落丁本はお取り替え致します。
ISBN978-4-7795-0893-6　Printed in Japan.